예수로 산
한국의
인물들

믿음이란 한 알의 밀알이 땅에 떨어져 죽음으로 많은 열매를 맺음과 같이 진리의 열매를 위하여 스스로 죽는 것을 뜻합니다. 눈으로 볼 수는 없으나 영원히 살아 있는 진리와 목숨을 맞바꾸는 자들을 우리는 믿는 이라고 부릅니다. 「믿음의 글들」은 평생, 혹은 가장 귀한 순간에 진리를 위하여 죽거나 죽기를 결단하는 참 믿는 이들의, 참 믿는 이들을 위한, 참 믿음의 글들입니다.

예수로 산 한국의 인물들

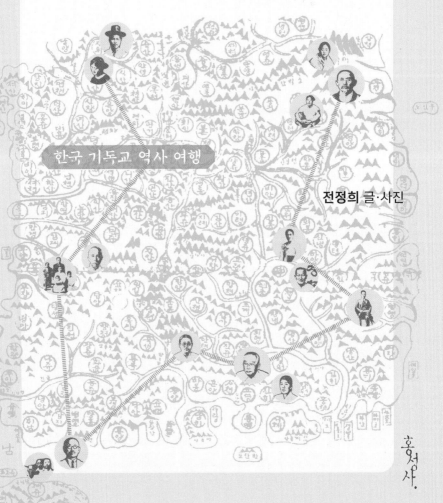

한국 기독교 역사 여행

전정희 글·사진

홍성사

책을 내면서

서울 동부 봉화산에 가면 산자락 입구에 경동제일교회가 호젓하게 자리 잡고 있다. 1904년 초석이 놓였으니 100년을 훌쩍 넘긴 공동체다. 그 예배당 본당 복도에 역대 교역자와 장로 초상이 걸려 있는데, 유독 우리네 시골 할아버지 같은 인상의 사진이 눈길을 끈다. 이 교회 엄귀현 영수다.

엄귀현은 왕손 이재형을 전도한 인물이다. 이재형은 말씀으로 거듭나 서울 승동교회 7대 목사가 됐다. 봉화산 봉수꾼 후손 엄귀현은 마부 직업을 가진 교회 영수로 살다가 1·4후퇴 때 안양 즈음에서 폭격을 당해 별세했다. 죽는 순간까지 말고삐를 잡고 있었다.

"나리, 황송하오나 오늘부터 예수를 믿으소서. 그래야 나리도 죄 사함 받고 영생을 얻을 수 있습니다"라며 전도했던 순박한 인물. 당시 그는 경기도 양주 땅 경동제일교회 사찰과 종지기로서 섬겼고, 순회목회자가 미처 오지 못할 때 영수로서 말씀을 전했다. 그가 어찌나 기도를 열심히 했던지 마룻바닥이 패였고 이마에 혹이 생겼다. 손아래 형제들이 장로가 됐을 때도 "나는 마부 신세 면하려고 예수 믿는 것 아니다"라며 제 할 일을 묵묵히 했다. YMCA운동가 오리 전택부 선생이 그를 발굴해 세상에 알렸고, 오늘날도 목회자들이 엄귀현 예화를 들곤 한다.

2018년 10월, 마부 영수 엄귀현을 찾아 경동제일교회에 갔을 때, 이름 석 자가 전부였던 엄귀현의 사진과 기록을 찾을 수 있었다. 그의 후손들의 증언도 이어졌다. 사진과 자료의 첫 공개였다.

이런 경험은 '예수로 산 한국의 인물'을 탐사하던 2017년 1월 이후 계속됐다. 왕손 이재형, 기독 청년 독립운동가 이재명, '여자 안중근' 남자현, 혁명가 김옥균, '과부' 순교자 문준경, 청지기적 사업가 원경선, 농민운동가 김용기, 교사 방애인, 동요 작사가 목일신, 순교자 방계성, 영부인 공덕귀, 화가 박수근 부부 등 근현대사의 숱한 인물들의 이야기와 실존 현장이 방치되어 있었다. 하나님의 역사 속에서 기도와 전도로, 때로는 저항으로 구원에 이르고자 했던 이들이다.

그런데 정작 한국 교회는 선진 신앙에 무심했다. 교회 성장과 관련 없는 일로 여겼고, 연합이 필요한 일이라 나서길 꺼렸다. 심지어 자신들이 섬기는 교회 인물들인데도 "어 그래요…" 하고 반문하기도 했다.

나는 3년간 70여 명의 인물을 탐구했다. 한데 원칙이 있었다. 주기철, 손양원, 조만식 등과 같은 이미 알려진 인물에 대해선 특별한 발굴 요인이 있지 않은 한 탐구 대상에서 제외했다. 또 하나의 원칙은 저널리스트로서 현장을 확인해 보는 것이었다. 마지막으로 대중성 있게 답사 코스화하는 것이다.

황해도 출신인 20대 초반의 방애인 선생이 멀리 전주까지 내려와 기독 교사로, 고아의 어머니로 살아가다 병으로 쓰러졌는데, 시 외곽 완주의 산속 교회 묘지에 쓸쓸히 잠들어 있다. 무덤에 꽃 한 송이 놓여 있지 않다. 도산 안창호와 같이 독립운동을 한 이재명은 늘 신앙 안에서 형제자매들과 함께했는데 독립유공자증을 받을 후손이 없었다. 평안도 출신이고 아내도 독립운동하다 죽은 것이다. 서지전문가 이상렬 선생의 연구가 아니었으면 나 또한 접근이 어려웠을 것이다. 결국 진안이씨 문중이 유공자증을 대신 받아 그리스도인 이재명의 기념관과 사당을 전북 진안에 만들고 신주를 두고 있었다. 서재필 박사도 고향 논산에서 죽어 제사를 받고 있었다. 두 분 다 제사 받기를 원하진 않았을 것 같다.

중국 동만주로 망명 떠난 남자현 지사는 그곳에서 독립운동을 하며 열두 교회를 개척한 그리스도인이지만 일반 학자가 연구하고 있었다. "한국 근대사는 교회에서 나서서 해야 할 일이 너무 많은데…"라던 그 학자의 말에 부끄러움을 느껴야 했다.

예수로 산 인물들의 삶과 시·공간을 들여다보는 것은 '한국 근대사 교과서'의 증강현실(AR)을 보는 듯한 흥분과 책임감을 느끼게 했다. 이 '한국 기독역사여행'을 나 혼자 하기에는 너무 아까워 2019년 '믿음의 원정대'라는 이름으로 원정대원을 모집, 5회에 걸쳐 함께 다니기도 했다. 대원들이 현장에서 "아이고 하나님, 아이고 주여" 하는 탄식이 기쁘기도 하고 슬프기도 했다.

내가 대학을 다니던 1980년대는 늘 억압에 짓눌려 있었다. 많은 사람이 바울처럼 매 맞고 갇혔다. 하지만 초기 한국 그리스도인들이 수고와 갇힘, 생사의 고비, 매질 당하는 것, 동족과 이방인의 위험, 강도와 거짓 형제의 위험, 자연재해의 위험을 온몸으로 감수하며 신앙을 지켜 온 것에 비하면 호사나 진배없었다.

이 책은 2017~2019년 〈국민일보〉에 연재된 70여 명의 인물 중 31명을 선별해 묶은 것이다. 인물 전기일 수도 있고 순례 여행서일 수도 있다. 이러한 탐사가 이뤄질 수 있도록 지원을 아끼지 않은 〈국민일보〉에 더없이 감사하다. 저널적 글쓰기인지라 실증이 부족함에도 자료 지원과 격려를 마다하지 않으신 이덕주·이상규·옥성득 교수님, 북한 교회 연구를 계속하시는 유관지 목사님 등 많은 분께 머리 숙여 예를 표한다. 부지불식간에 자료 출처 등을 제대로 밝히지 못해 폐를 끼친 분이 있다면 이 지면을 빌려 사죄 말씀 드린다.

부족한 글임에도 정성스레 엮어 준 홍성사 가족 여러분께 감사드린다.

2019년 12월
락어재(樂語齋)에서

일러두기

▷ 이 책은 2017년 1월부터 2019년 10월까지 〈국민일보〉에 연재된 내용을
바탕으로 한 것입니다.

▷ 답사 현장에 관한 이모저모 등 연재 당시에 비해 달라진 점들은 확인을
거쳐 수정, 보완했습니다.

차례

서울
지역

"매국적신 이완용,
내가 꽂는 십자가를 받아라!

기독 청년 이재명 의사와 서울 명동성당

"1905~1910년 무렵, 한국 기독교인들은 이재명처럼 개인적으로 정치에 적극 참여했다. 구국기도회, 불평등조약 항의 시위, 공개 자살, 애국계몽운동, 국채보상운동, 헤이그 밀사, 의병전쟁, 시장세 불납운동, 매국 친일파 암살 그리고 신민회운동 등으로 항일운동을 펼친 것이다."

한국 기독교 역사학자 옥성득 교수(미국 UCLA, 한국기독교학)가《한반도 대부흥》(홍성사)에서 밝힌 내용이다. 1909년 12월 서울 종현성당(명동성당) 앞에서 친일파 이완용을 처단하려 했던 이재명(李在明) 의사에 관한 사진 설명을 하며 이같이 썼다. 옥 교수는 이만열 전 숙명여대 교수 뒤를 잇는 한국 기독교학의 권위자다.

이완용은 1909년 12월 22일 오전 10시 종현성당에서 벨기에 총영사 주최로 열린 벨기에 황제 레오폴드 2세의 추도식에 참석하고 돌아가다 이재명 의사가 휘두른 칼에 어깨와 허리를 맞고 쓰러졌다. 그를 태우고 가던 인력거꾼은 그 자리에서 사망했다. 경호원이라고도 알려진 인물이다. 칼은 이완용의 폐를 관통했으나 명을 끊지는 못했다.

앞서 이재명은 그해 1월 평양역에서 이토 히로부미를 처단하기 위해 대기했으나, 의거 발생 시 순종의 안위를 걱정한 민족지도자 안창호 선생의 만류로 거사를 중단한다. 이토는 그해 10월 26일 안중근 의사가 처단했다.

이재명은 이듬해 교수형에 처해졌다. 불과 스무 해 남짓한 짧은 생애를 산 '열혈당' 이재명 의사. 평북 선천 출신으로 평양 일신학교를 졸업한 기독청년 이재명의 삶은 그간 묻혀졌다. 교과서에 단 두 줄로 기억된 게 그나마 다행이었다.

어느 삼일절 전후. 옥 교수 저술에 자극받아 기독청년 이재명을 찾아 나섰다. 스무 살, 입신양명을 꿈꿨어야 할 이 청년은 왜 죽음으로 구

■ 이완용(앞줄 가운데)과 그의 아들(뒷줄 가운데) 및 손자들

원에 다다르려 했을까. 이 땅에 예수 그리스도의 평화가 도래하기를 바랐던 한 청년의 죽음. 그러나 정작 한국 교회는 100년이 지난 지금까지 이재명에 대해 '아무도 기억하지 않는 자의 죽음'으로 봉인해 버렸다. 예배당 안에서 동방요배를 하고, 교회를 나서면 신사참배를 했던 한국 교회가 이재명의 삶을 거론한다는 것 자체가 부끄러웠을 것이다.

기독청년 의사(義士), 부끄러운 한국 교회

한반도 남쪽에선 이재명의 '흔적'을 아무 데서도 찾을 수 없었다. 명동성당 앞 '이재명 의사 의거터' 표지석이 유일했다. 흔적이 없는 건 그가 평북 선천 출신이고 평양에서 공부했기 때문일까. 그렇다 하더라도 1904년 미국노동이민사(移民社)를 통해 하와이를 거쳐 미국 본토까지

■ 이토 히로부미와 이완
용을 처단하려 했던 이재명
(왼쪽에서 두 번째)

17

가 안창호 선생 등과 독립운동을 했고 항일단체 일원으로 경성, 제물포, 원산, 평양, 간도, 블라디보스토크, 도쿄 등에서 풍찬노숙했던 그의 흔적이 없는 게 의아했다.

그런데 이재명은 뜻밖의 곳에서 동상으로 남아 또 풍찬노숙하고 있었다. 마이산이 보이는 전북 진안군 진안읍 진안이씨 재실 앞에 쓸쓸히 서 있다. 동상 옆쪽으로는 '독립운동 이재명 의사 성역화' 단지가 조성돼 있다. 의열사, 기념관, 관리사무실 등 제향을 위한 건물 다섯 채가 있고, 건물 뒤로는 배산임수에 기댄 진안이씨 선대 묘지가 즐비하다. 이재명은 진안이 본관이다.

이나마 기념될 수 있었던 것은 1962년 이재명 의사에게 건국훈장 대통령장이 추서되면서다. 그 훈장을 받을 후손이 없어 정부가 보관하고 있자 2000년 진안이씨 대종중이 나서 이 의사의 유지를 잇겠다며 훈장증을 받았다. 성역화에 국고 등이 지원됐다. 분단은 이처럼 수많은 열

■ 이재명 의사에게 절대적인 영향을 준 안창호(가운데)와 그의 형제들. 독립협회 평양지회 활동 무렵이다.

18

사들을 '반쪽 독립운동가'로 만들고 말았다.

의열사 안 영정 앞엔 향로 등이 갖춰져 있다. 사당 마루는 먼지가 쌓였고 삐걱거린다. 동상 옆과 성역단지에 나부끼는 태극기가 비장함을 준다. 이재명에 대한 기독교 시각의 연구도 찾지 못했다. 일반 논문도 〈이재명의 이완용 암살 시도에 관한 연구〉 정도로 극히 적다. 그가 과연 크리스천이었을까 하는 의구심마저 든다.

그때 한 권의 책이 그를 알아가는 징검다리 역할을 했다. 소설가 박상우의 《칼》(창해, 2005)이다. "형장의 이슬로 사라져 간 아름다운 열혈 청년, 칼로써 무너지는 시대를 바로잡으려 했던 대한의사 이재명." 중진 작가 박상우는 서두에서 "그에 관한 기록과 자료는 참담할 정도로 부실하고 부정확했다"며 일대기의 재구성을 미안해했다. 사실 그의 생년조차 여러 개여서 생몰 나이를 20~23세 사이로 추정할 뿐이다.

■ 서울 명동성당 앞에 있는 이재명 의사 의거 터 표석

■ 이재명 의사 동상. 마이산이 보이는 전북 진안군 진안읍 진안이씨 문중 재실 앞에 우뚝하다. 평북 선천 출신인 이 의사는 매국노 이완용 처단에 실패한 후 1910년 서대문형무소에서 교수형에 처해졌다. 1962년 건국훈장 대통령장에 추서됐으나 받을 후손이 없었다. 2000년 문중과 진안 지자체가 성역화에 나섰다.

그는 번개같이 몸을 날려 인력거에 앉은 이완용의 어깨를 찔렀다. 그 순간 얼굴이 창백한 매국적신의 얼굴을 그는 분명히 보았다. 그가 본 것은 다만 사랑을 모르는 한 인간의 나약하고 비굴한 표정일 뿐이었다. … "가련한 매국적신, 내가 꽂는 십자가를 받아라!"(박상우,《칼》128쪽)

소설은 사실(fact)을 기반으로 했다. 그렇다면 이 팩트는 누가 알아냈을까. 40년 이재명 연구자가 있다. 경기도 부천에 사는 서지전문가 김성렬 선생이다. 그는 기독청년 이재명의 일대기를 연구하고 박 작가에게 자료를 제공했다.

"1975년 12월 어느 날이었습니다. 동네 음식점 목로를 두고 80대 백발성성한 노인과 마주하게 됐는데, 쩌렁쩌렁한 목소리로 교수형당한 이재명 의사의 삶을 이야기하며 추모받지 못하는 현실을 분개하시는 겁니다. 교수형에 처해진 직후 이 의사의 부인 오인성 여사가 서럽게 우는 대목을 설명하시는데 고대 시가 〈공무도하가〉와 다를 바 없었어요. 의거 당시 20대였을 그 노인은 오 여사 일가붙이거나 이 의사 동지였지 싶습니다."

그날 이후 그는 소명을 받은 듯 이 의사의 삶을 추적했다. 남산 국립중앙도서관, 청계천 헌책방 등을 뒤졌다. 이 의사와 기독 신여성 오인성과 관련된 사료가 있다면 어디든 찾아갔다. 유명 출판사에 취직한 것도 "반쯤은 이 의사의 사료 찾기가 쉬울 것 같아서였다"고 했다.

"나는 부활해 일본 너희를 망하게 할 것이다"

그의 연구에 근거하면, 이재명은 태어나던 해 아버지를 잃고 평양으로 이사했고 그곳에서 어머니가 양부와 재가했다. 1894년 평양이 청일전쟁으로 불바다가 되자 함경도 북청으로 피난했고 전쟁이 끝난 후 돌아왔다. 하지만 어머니가 산후 후유증으로 죽고 말았다. 양부는 이때 그를 '수길'에서 '재명'으로 개명하고 평양 미션스쿨 일신학교에 입학시켰다. 이재명은 이곳에서 신앙을 갖게 되었는데, 이는 훗날 집사 직분을 받는 계기였다.

이후 선교사 등이 주도해 하와이 이민노동자를 모집하자 공부를 더할 겸 이에 응했다. 이 무렵 서북 출신 기독교인 안창호를 만나 민족의 현실에 눈뜨게 된다. 하와이에서 교회 활동을 하던 그는 안창호가 주도한 독립운동단체 공립협회 활동을 위해 미국 본토 샌프란시스코로 간다. 이재명에게 동향 출신 안창호는 스승 이상이었다.

당시 소설가 김동인은 "간다 간다 나는 간다"라는 글에 평양 대성학교 교장 안창호와의 기억을 적었다.

"그의 누이(안신호)가 진남포교회 김성택 목사의 안해(아내)로 우리 집과 이웃했는데 … 도산도 가끔 누이 집을 찾았다."

대성학교는 선천과 평양 기독교인들이 주축이 된 신민회원이 이끌어간 학교로, 오산학교와 함께 민족교육의 요람이었다. 신민회는 일제가 조작한 '105인 사건'으로 와해된다.

1907년 헤이그 밀사 사건이 실패로 끝나고 이준 열사마저 순국하자 이재명은 샌프란시스코 재미동포 공동회의 석상에서 위국헌신을 맹세하고 매국적(賣國敵) 숙청을 결의한다. 그리고 그해 도쿄를 거쳐 귀국해 만주와 블라디보스토크를 돌며 동지를 규합한다.

그의 열혈적 삶은 김성렬 선생이 사료로 정리해 놓았다. 이재명이 직·간접으로 활동했던 무대인 평양의 일신학교, 대성학교, 남산현교회, 하와이 교회, 샌프란시스코 한인감리교회, 제물포(인천) 내리교회 등은 김성렬 선생의 노고로 밝혀졌다. 때문에 이재명의 신앙을 알아가는 씨줄날줄이 됐다.

무릇 이재명 의사는 기독교 토양에서 자란 약관의 청년이다. 외세와 친일 권력에 의해 처형된 순교자다. 1910년 9월 30일. 서대문형무소에서 이재명의 교수형이 집행됐다. 앞서 사형 판결을 받은 날 법정에서 그는 이렇게 외쳤다.

"일곱 번의 큰 죄를 저지른 이완용이 회개하기를 기도했다. 그러나 또 큰 죄를 짓자 부득이 살해하기로 결심했다. 나는 죽어 수십만의 이재명으로 부활하여 너희 일본을 망하게 할 것이다!"

■ 이재명 의사가 다 닌 것으로 추정되는 평 양 남산현교회

23

이재명(1890?~1910)

1888~1890년 사이 평북 선천 출생,
　부친 사망
1904년 하와이 사탕수수밭 노동자
1906년 샌프란시스코 '한인공립협회'
　가입
1907년 재미동포 공동회에서
　매국적 숙청 결의
1909년 12월 22일 명동성당 앞에서
　이완용 습격
1910년 5월 18일 사형 판결
1910년 9월 30일 사형 집행
1962년 건국훈장 대통령장

이재명의 부인 오인성 여사,
남편 사망 후 간도 등지서 교사하며 독립운동

이재명 의사의 부인 오인성은 1890년생으로 추정된다. 부모는 평양에서 정미업을 했고 다섯 자매를 두었는데 오인성은 그중 맏딸이다. 평양 성모여학교 졸업 후 재령 진초학교 교사가 됐다. 이재명 의사 의거 당시 양심여학교(동덕여자의숙과 통합) 생도였다. 결혼은 1908년 성모여학교 재학 시절 이 학교

교사 등이 이 의사를 소개해 이뤄졌다.

이 의사 순국 후 성재 이동휘 선생의 두 자매와 함께 성진 보신여학교, 간도 양정여학교 교사를 지냈다. 연해주, 간도, 상하이 등을 오가며 독립운동을 했으며, 3·1운동 소식을 듣고 동참하려 환국했으나 급서하고 말았다. 일제에 의한 독살설이 있다.

■ 오인성 여사

기생쯤으로 여김받은 교회 자매,
무대에서는 늘 찬송 불러

우리나라 최초 성악가 윤심덕과 서울 YMCA

만나는 사람마다 윤심덕 양의 정사를 말 아니하는 이가 없었다. 그저 불쌍하다는 이도 있고, 참으로 이상한 일이 많다는 이도 있고, 어떤 사람은 미친년이라는 이도 있고, 잘 죽었다는 이도 있고, 세상은 나쁜 세상이야 하는 말들이 많았다. 딸 가진 자 아들 가진 자 누이동생 가진 자는 웃지 마라. 이것이 남의 집 일이 아니다. …다 각각의 문제인 줄 알고 생각하자.(잡지 〈청년〉 1926년 9월호 "웃지마라그책임을뭇자" 중)

우리나라 최초의 성악가 윤심덕(尹心悳)은 1926년 8월 3일 '실종'됐다. 일본 시모노세키와 부산을 오가는 소위 '관부연락선' 1등석에 탑승한 후 행방이 묘연했다. 와세다대학 출신 극작가 김우진(1897~1926)과 함께였다.

당시 신문은 이 두 사람의 실종을 대서특필했다. "현해탄 격랑 중에 청년 남녀의 정사(情死)", "단신으로 섭세(涉世, 세상 살아감)한 윤씨와 백만장자 김씨의 최근"이라는 제목으로 전면을 할애하다시피 했다. 재벌집 아들을 사랑한 '흙수저' 여인을 다룬 요즘 드라마 같다.

"4일 오전 4시경에 대마도 옆을 지날 즈음 양장을 한 여자 한 명과 중년신사 한 명이 서로 껴안고 갑판으로 돌연히 바다에 몸을 던져 자살하였는데…." 본문 기사다.

그들의 투신을 본 사람은 없었다. '팩트 체크'를 하자면 전날 승무원이 본 것이 전부였다. 실종 후 1등선실에선 짐을 각자의 집으로 부쳐달라는 내용의 메모만 발견됐다. 결국 시신을 찾지 못했다. 몇 해가 지나 그들이 이탈리아에서 악기상을 하고 있다는 소문이 돌기도 했다. '실종'만이 팩트였다.

■ 1926년 8월 '현해탄 투신 정사' 첫 보도 기사. 당시 신문에 실린 김우진(작은 사진)과 중국 무대의상을 입은 윤심덕(왼쪽).

하지만 모든 언론은 '현해탄 투신 정사'로 규정하고 추측 기사를 쏟아냈다. 사실상 특종을 한 〈동아일보〉는 5회 연재와 후속기사를 통해 '현해탄 정사의 주인공 윤심덕'에 초점을 맞췄다. 배우 최진실의 자살(2008)만큼이나 요란한 보도였다. 1920년대 황색저널리즘이 신여성에게 가하는 '폭력'은 '남자와 염서(艶書), 편애와 실성'이라는 헤드라인에서 볼 수 있듯 인권이 없었다.

윤심덕이 유학 중 '남자를 사귀었다'며 7명의 성(姓)을 그대로 쓰고, 동포 교회에 다니는 것을 두고 남자 만나러 다니는 듯한 뉘앙스로 보도했다. 신여성에게 가해지는 집요한 보도에 지친 윤심덕이 어릴 적 자신을 이끌어 주던 목사의 선교지인 중국 하얼빈으로 피신하자 "남자를 몰래 만나고 있을 것"이라며 추측성 가십을 쏟아내기도 한다.

...▶ ...▶

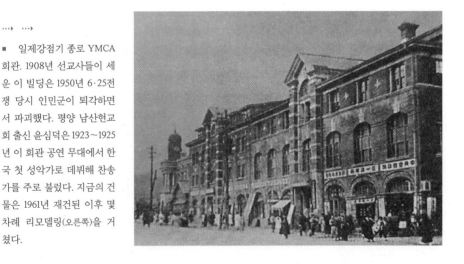

■ 일제강점기 종로 YMCA 회관. 1908년 선교사들이 세운 이 빌딩은 1950년 6·25전쟁 당시 인민군이 퇴각하면서 파괴했다. 평양 남산현교회 출신 윤심덕은 1923∼1925년 이 회관 공연 무대에서 한국 첫 성악가로 데뷔해 찬송가를 주로 불렀다. 지금의 건물은 1961년 재건된 이후 몇 차례 리모델링(오른쪽)을 거쳤다.

경성 여류음악가로 갈채를 받던 윤심덕은 근래 낙산 부호 이용
문의 애첩이 되어…이용문이 기첩을 데리고 수렵을 떠나자 윤심
덕은 약간의 금전을 얻어 가지고 하얼빈(교회)으로 뺑소니 쳤단
다.…하여간 예술에는 국경이 없다더니 윤심덕은 금전 앞에선 처
첩의 구별이 없는 모양이다. 예술가인지 예술가(穢術嫁·더러운 술
수로 시집가다)인지.(잡지 〈개벽〉 1925년 2월호)

  김우진은 목포 부호의 아들이고 결혼한 인물이었다. 그는 일본인 간
호사를 사랑했다는 기록을 남겼다. 그러나 그가 윤심덕을 사랑했다는 기
록은 없다. 윤심덕도 누구를 사랑했다고 고백한 기록이 없다. 처첩문화
가 용인되던 시절 두 사람이 살림을 차렸다 한들 손가락질하거나 뜯어말
릴 시대 분위기도 아니었다. 문제는 윤심덕에게 가해진 첩, 호색녀, 정

사 등의 부정적 내용은 '팩트 체크'가 안 된다는 것이다.

다만 '왈녀'라는 별명에서 알 수 있듯 그는 쾌활한 예술가였다. 키가 180센티미터 가까이 되는 왈녀는 남자 동기 유학생들에게도 "야", "쟤" 할 정도로 거침이 없었다. 이러한 파격 행동은 가부장제 남성들에게 관음의 대상이 됐다. 그들은 그를 '창가'하는 기생쯤으로 보고 배설적 이지메(집단 괴롭힘)를 가했다.

'신여성'에게 가해진 관음적 타살

사후 90여 년이 지난 지금도 윤심덕의 소설적 스토리텔링은 계속된다. 신혜선 주연 SBS 드라마 2부작 〈사(死)의 찬미〉가 2018년 11월 말~12월 초 방영되었다. 1991년 영화 〈사의 찬미〉는 장미희·임성민이 주연을 맡은 바 있다. 〈사의 찬미〉는 윤심덕이 실종 2~3일 전 취입한 염세적 번안곡이다.

■ 6·25전쟁 당시 파괴된 YMCA회관 안에서 밖을 보는 소년들(YMCA 제공)

우리가 잘 알지 못하는 윤심덕이 있다. 그가 모태 신앙의 '교회 자매'라는 것이다. 주말 서울 종로2가 YMCA 앞. 국제마라톤 행사 관계로 시내 곳곳이 통제되고 있었다. 텅 빈 대로에 서자 YMCA빌딩과 그 옆 종로타워빌딩(일제강점기 화신백화점 터)이 한눈에 들어왔다.

YMCA빌딩은 1961년 공사를 시작해 1967년 완공됐다. 지하 1층 지상 8층으로 대지면적 3,114제곱미터에 연면적 1만 3,668제곱미터다. 1960년대 한국 모더니즘 건축양식을 대변한다. 앞서 이 자리에는 1908년 완공된 종로중앙기독청년회관 적벽돌 건물이 있었다. 하지만 1950년 6·25전쟁이 발발하고 그해 9월 인민군이 퇴각하면서 불태워 버렸다.

그 옛 건물에서 조선 청년들에게 복음이 퍼져 나갔으며 을사늑약 반대, 고종 양위 반대, 개화자강운동 등이 펼쳐졌다. 2·8독립선언, 3·1독립만세운동의 근원지였고 물산장려운동, 농촌운동 등이 발원된 현장이기도 했다.

윤심덕은 1922년 도쿄음악학교(우에노음악학교)를 마치고 귀국해 이듬해 6월 26일 바로 이 회관 강당에서 첫 음악회를 갖는다. 당시 이 회관은 명동성당과 함께 시내 최고(最高)·최신 공법의 건물이었다. 서양음악을 소화할 음향시설을 갖춘 유일한 건물이기도 했다.

윤심덕은 이 YMCA 강당을 주무대로 했고 개성, 평양 등 전국을 돌며 '기근동정음악회', '기근구제여류자선음악회' 등 각종 공연 일정을 소화했다. 이화여고, 배화여고, 호수돈여고 등 미션스쿨 합창단이 코러스를 맡았다.

앞서 윤심덕은 음악학교 재학 중이던 1921년 7월, '재일 한국인 동우회 순회극단'과 함께 경남 마산(현 창원 일부) 공연을 필두로 근대극 전국 순회공연에 나섰다. 근대연극인 마해송 그리고 윤심덕의 '남사

친' 바이올리니스트 홍난파 등과 같이했다. 7월 말 마지막 공연지 경성에서 공연이 끝나자 언론은 "윤심덕 양의 독창은 청중의 정신을 황홀케 하였다"고 보도했다. 그 칭찬 속에 독 기운이 있는 것을 그땐 결코 몰랐을 것이다.

윤심덕이 YMCA 무대에 선 이후 언론은 그에게 '악단의 신성', '일본에까지 명성이 자자한', '성악가의 일류', '여류음악계의 일류', '신묘한 예술을 자랑', '만인의 총애'라는 수식어를 붙였다. 하지만 정작 내용은 섹슈얼리티에 집중했다. 윤심덕과 함께 주목받던 화가 나혜석은 그의 공연을 보고 "… 음악에 천재가 계신 것을 부러워하기 마지못했다"(〈개벽〉 1924년 7월호)고 했으나 남성들에겐 성적 판타지의 대상이었다. 인습을 뛰어넘고자 했던 신여성이 처한 현실이었다.

윤심덕의 전성기는 1923~1925년 종로중앙기독청년회관을 중심으로 활동한 3년간이다. 그는 이 기간 조선여자청년회, 연희전문학교, 평양기독청년회, 종로중앙기독청년회, 중앙엡윗청년회 등 기독기관 및 단체가 주최한 음악회에서 교회음악곡을 주로 불렀다. 그의 선곡은 '방긋 웃는 월계꽃', '부활의 기쁨', '푸른 갈릴리', '자비하신 예수', '평안이 쉬나', '산타클로스' 등의 찬송이었고, 1926년 집중 취입한 레코드에도 이러한 곡이 들어갔다. 서양음악을 접한 이들 대개가 그리스도인이었기 때문이다. 일반 공연 무대에 서면 창가나 유행 잡가를 요구했다. 어느 음악회나 '윤심덕의 솔로' 순서가 없으면 흥행이 이뤄지지 않았다. 그런데도 정작 공연이 끝나면 "풍염한 교태에 끝없는 육성미", "창가 아니면 유행 잡가 그렇지 않으면 예수교 찬송가 부스러기다"라고 비하했다.

무대에 서면 찬송가 주로 부르던 '자매'

윤심덕은 평양 남산현교회에 출석하는 부모를 뒀다. 어머니는 교회 전도부인 김세지(장씨로도 알려짐)였다. 1915년 4월 27일자 〈매일신보〉는 "유학 가는 여학생"이라는 제목의 기사에서 윤심덕에 대해 "부친이 풋나물 장사로 업을 삼고 모친은 평양 서문 안 광혜여병원 사무원이고 극빈함에도 삼숭여학교와 숭의여중에 입학했다"라며 "금번 광혜여병원 의사 미국 사람 홀 부인이 5년간 수학할 학비를 담당하여 동경 청산학원에 입학케 됐다"라고 보도했다.

그러나 세상은 근대 여성 선각자에게 가혹했다. 무엇보다 "경성 이(李) 모라는 부호 가정교사로 입주했을 때 그가 그의 소중한 것을 유린했다"는 기록에서 엿볼 수 있듯 성폭력이 정신적 몰락의 계기가 됐던 것으로 보인다. 한데 언론은 오히려 이 모 씨에게 꼬리쳤다는 식의 보도를 했다. 윤심덕이 어린 시절 그를 영적으로 이끌었던 남산현교회 배형식 목사(독립운동가)에게 피난했을 때마저도 "애인이 있어서 따라갔다"는 식의 보도로 2차 피해를 입혔다.

실종 직후 "세상 남자들은 모두 악마 같다. 언젠가 한 놈은 죽이고 죽는다"라고 윤심덕이 남자친구에게 말했다는 기사를 보노라면 마치 잘 짜여진 스릴러 영화 각본을 읽는 것처럼 오싹하다.

근대 첫 소프라노 윤심덕은 '실종'됐다. 사랑에 의한 동반 자살이었는지는 알 수 없다. 딱 여기까지다. 윤심덕은 세상의 관음을 피해 스스로 실종되어 구원의 길을 택한 것은 아니었을까.

윤심덕(1897~1926)

1897년 평양 출생,
  부모는 평양 남산현교회 교인
1910~1915년 숭의여중, 평양여고보,
  경성여고보
1915~1918년 도쿄아오야마학원
1919년 횡성·춘천공립보통학교 교사
1919~1922년 도쿄음악학교
1923~1925년 성악가 활동
1925년 일동레코드사와 전속계약
1926년 2월 토월회 가입, 연극 출연
1926년 8월 3일 실종

미국 의료선교사 로제타 홀, 윤심덕 의사 만들려고 했다

광혜여병원 의사 미국 사람 홀— 부인은 윤심덕이 5년간 수학할
학비를 담당하여 동경으로 보낸다고 그 부모의 고심함과 또 홀—
부인의 자선심을 만구칭송하더라.(〈매일신보〉 1929년 4월)

미국 의료선교사 로제타 홀. 우리나라 첫 여성병원인 보구여관을 이끌었고 남
편 윌리엄 홀과 평양에도 병원을 세워 조선 백성을 치료하고자 했던 인물. 윤

심덕의 어머니는 로제타 홀이 세운 광혜여성병원에서 병원 빨래를 하며 생계를 이어갔다. 윤심덕은 부모와 함께 남산 현교회에 다니는 총명한 교회 자매였다. 로제타 홀은 병원 뜰을 놀이터 삼아 자란 윤심덕에게 의학을 공부해 아픈 이웃을 도울 것을 권했다. 윤심덕은 의대 진학을 위해 미션스쿨 도쿄아오야마학원으로 진학하기로 했다. 이를 위해 먼저 일어를 배우기로 하고 떠났다. 한데 적성에 맞지 않았다. 교회음악(서양음악)의 매력에 빠져 도쿄음악학교로 진학했다.

■ 미국 의료선교사 로제타 홀

■ 경기도 수원 지역 의료 선교에 나선 로제타 홀(가운데)과 한국인 의료진

역적이 된 이단아,
기독교 유입 물꼬 트다

'대역부도' 김옥균과 서울 양화진 성지

　　서울 양화진은 지금의 마포구 합정동 절두산 일대를 말한다. 크리스천에게는 절두산 옆 양화진외국인선교사묘원으로 더 잘 알려져 있다. 이곳의 묘원과 절두산은 각각 신·구교의 성지다.

　　절두산은 18세기 초만 해도 용두봉(龍頭峰) 또는 잠두봉(蠶頭峰)이라 불리는 아름다운 버들강변이었다. 세종 32년 명나라 사신이 이 봉우리에 올라가 "적벽과 다름없다"고 했을 정도였다.

　　그러나 이후 이곳은 천주교인들의 목을 치는 장소라 해서 절두산(切頭山)이 됐다. 이 무렵부터 양화진은 나루터(진, 津)나 수군 주둔지(진, 鎭)의 이미지에서 박해의 땅으로 변하고 말았다. 1866년 9월 프랑스 군함이 양화진에 정박해 측량을 하고 조선 사정을 염탐했다. 무력한 조선 조정은 아무런 반격도 할 수 없었다. 그리고 그해 10월 일곱 척의 프랑스 함대가 강화도를 점령하고는 "선교사를 죽인 책임자를 처벌하고 통

■ 서울 마포구 합정동 양화진외국인선교사묘원 최근 사진. 서울 지하철 2호선 공사가 한창 이던 1970년대 말 철로 건설 등을 이유로 이전될 뻔했지만, 오리 전택부 선생 등 교계 지도자 들이 지켜 낸 대표적인 기독교 성지다.

■ 조선 후기 지도. 왼쪽 윗부분에 양화진과 절두산이 나타나 있다.

■ 양화진 저잣거리에 걸린 김옥균 효수 사진. 한자로 '대역부도 옥균'이라고 쓰
여 있다.

상조약을 체결하자"고 요구했다. 흥선대원군은 이를 물리쳤다. 그것이 병인양요다. 기세가 오른 흥선대원군은 '천주학쟁이'들을 절두산에 모아 집단 참수했다. 바로 병인박해다.

이 성지에서 또 하나의 사건이 벌어졌다. 1882년 임오군란 때 일이다. 구식군대는 부패한 왕권과 외세를 물리치기 위해 반란을 일으켰다. 일본공사관에 불을 지르고 관원들을 때려 죽였다. 그때 일본 하나부사(花房) 공사가 간신히 몸을 피해 양화나루에서 배를 탔다고 한다.

이 양화진이 다시 주목받은 것은 1893년. 한국 초대 의료선교사 존 헤론(1856~1890)이 지금의 묘원에 묻히면서다. 묘원의 시작이었다. 당초 그의 시신은 서울 정동 미국공사관에 묻혔지만 외국인 시신을 도성 안에 두는 건 흉조라는 여론이 들끓자 3년 후 양화진으로 이장한 것이다.

양화진 저잣거리에 효수된 김옥균

여기까지는 우리가 익히 알고 있는 양화진에 대한 한국 기독교 역사다. 그런데 이듬해 1894년 4월 15일, 몸서리쳐지는 장면이 조선 조정에 의해 연출된다. 갑신정변(1884) 주역 김옥균(金玉均)의 잘린 머리가 양화진 저잣거리에 내걸린 것이다. 길거리에 걸린 머리 위에는 한자로 '대역부도 옥균(大逆不道 玉均)'이라고 쓰여 있었다. 대역죄인 김옥균이란 뜻이다.

김옥균이 명확하게 크리스천이있다는 기록은 없다. 그렇다고 아니라는 기록도 없다. 중요한 건 시대의 풍운아이자 혁명가였던 그가 개신교 사상에 영향을 받아 기독교 유입에 결정적 역할을 했다는 것이다. 이

결정은 하나님의 계획 속에 이루어진 것이다.

김옥균은 고종의 최측근 엘리트 관료로, 세계 질서의 흐름을 읽어 내고 국가와 민족공동체에 기독교 가치를 심어 줄 필요가 있다는 것을 명확하게 인식했다. 그는 박영효, 서재필, 서광범, 윤치호 등 엘리트들과 함께 근대국가 건설의 필요성을 절감했다.

김옥균은 무엇보다 천주교의 거친 전도 방식의 한계를 깨달았고, 이를 극복하기 위한 대안으로 개신교 방식의 교육과 의료 유입을 주창했다. 정책적 판단이었다. 당시 백성은 기독교에 적대적이지 않았다. 반면 위정척사파를 중심으로 한 권력층은 기독교를 사교(邪敎)로 규정, "예수교를 믿으면 금수와 같이 된다"며 극렬 반대했다.

1872년 장원급제한 김옥균은 서재필, 김홍집, 박규수, 홍영식, 서광범 등과 이웃했다. 그가 사는 서울 북촌을 개화사상의 산실로 삼았다. 개화는 곧 서학이었고, 서학의 본질은 기독교 사상이었다.

열린 사고에 다재다능했던 그는 1882년 수신사로 일본에 갔을 때

■ 1880년대 서울 북촌 김옥균 집과 개화파 엘리트들의 집 위치

미국인 로버트 매클레이(1824~1907) 선교사 부부 등과 교유했다. 그리고 홍문관, 사헌부, 사간원 등 정부 요직을 거치면서 고종의 총애를 받던 그는 1884년 6월 조선 선교를 위해 입국한 매클레이를 다시 만났다.

그때 매클레이는 학교와 병원 설립안을 김옥균에게 전하며 고종을 설득해 달라고 요청했다. 김옥균은 선교 요청안이 '가납되었음'을 7월 3일 밤 선언했다. 푸트 미국 공사와 통역 윤치호가 동석한 가운데 조선 정부의 제안서 승인이 이뤄졌다. 이는 곧 학교와 병원 내에서 제한적 선교를 허용한 것으로, 한국 선교역사의 시작이었다.

김옥균은 1884년 10월 17일 우정국 낙성식에서 갑신정변을 일으켰다. 1882년부터 수구파인 명성왕후와의 권력 갈등이 축적된 결과였다. 이 정변은 '3일천하'로 끝났다. 이때 개화파 동지였던 민영익이 낙성식에서 혁명군에게 자상(刺傷)을 입었는데 이를 의사였던 알렌(1858~1932)

■ 갑신정변 발생지인 서울 우정총국의 현재 모습. 조선 후기 우체업무를 관장했다.

선교사가 치료했다. 이 일을 계기로 고종은 첫 근대병원 광혜원(제중원 전신) 원장을 알렌에게 맡겼다. 이 광혜원은 매클레이가 제안하고 김옥균이 검토한 병원이다. 헤론도 알렌에 이어 원장을 맡았다. 비록 김옥균은 역적이 됐지만 의료와 교육 선교는 계속 이어진 셈이다.

한국 정부 입장에서 본 개신교 전래

한국 교회는 개신교 전래 시점을 1885년 4월 5일 부활절로 잡는다. 언더우드와 아펜젤러 선교사의 제물포 입항을 기점으로 한 것이다. 이는 한국 교회의 합의된 연표라 할 수 있다.

그러나 복음 전래는 1832년 독일 출신 선교사 귀츨라프의 충남 보령 고대도 전도를 시작으로 끊임없는 노크가 있었다. 1866년 소위 제너럴셔먼호의 대동강변 통상 요구 때 이 배에 타고 있던 토머스 선교사가 백성에게 성서를 전하다 순교하기도 했다.

따라서 조선에 복음을 누가 먼저 전했느냐는 타자의 시선이다. 최초의 선교사, 병원, 학교 또 최초의 한국인 교인, 장로, 목사 등 명예의 관점으로 역사를 해석할 수만은 없다. 백성이 왜 복음을 원했으며, 정부가 왜 백성의 요구를 들어줄 수밖에 없었고, 이를 누가 이끌고 결정했느냐에 대한 주체적 역사관도 필요하다.

타자의 시선에 따른 측면에서 보자면 김옥균은 논외의 인물이거나 조연일 뿐이다. 하지만 성서 본문이 처한 당시 상황과 맥락을 이해하듯 우리 역사 또한 당시의 '문맥'으로 들여다볼 필요가 있다.

'평등'과 '구원'이라는 단어조차 없던 19세기 조선에 김옥균은 바로 이 두 개념이 기독교 가치관에서 유래한 것이라는 사실을 잘 알고 있었다. 따라서 기독교 선교를 허용하는 것이 봉건시대 낡은 관습에 얽매인 조선을 개화하는 유일한 방법이라 여긴 것이다.

서울 지하철 2·6호선 합정역 출구를 나와 묘원으로 향하는 성지길. 양화진책방과 홍성사 그리고 한국기독교선교100주년기념교회 본당과 부속건물, 성지공원 등 소위 양화진 일대가 순례길이자 미션타운의 분위기다.

사료에 따르면 중국에서 운반된 김옥균 시신은 양화진 임시 형장에서 머리와 사지가 찢겼다. 그리고 잘려진 그의 머리는 "번창한 길목에 여러 날 동안 세워져 있었다"고 적혀 있다. 천주교인과 선교사들을 참수하던 땅 양화진과 그는 전혀 무관했는데도 '도성에 역적을 들일 수는 없다'는 이유에서였다.

김옥균, 이단아인가 혁명가인가?

김옥균은 1884년 갑신정변 실패 후 일본으로 망명했다. 10년 뒤인

■ 1894년 5월 26일자 영국 〈더 그래픽〉에 실린 김옥균 초상화. 그의 죽음을 놓고 "정치적 암살 사건 중에 가장 기이한 사건"이라고 했다.

1894년 3월 28일 극우 민족주의자 홍종우에 의해 중국 상하이로 유인돼 죽임을 당했다.

청나라는 그의 시신을 군함에 실어 톈진에서 제물포항까지 보냈고, 이를 인수한 조선은 양화진에서 '부관참시(剖棺斬屍)'했다. 고종의 비서실장과 다름없던 권력자는 천하의 역도(逆徒)가 된 것이다.

백성의 교화를 위해 기독교를 받아들여도 무방하다고 주장한 김옥균. 그의 육신은 양화진에서 산화됐다. 그리고 그 자리에 145인의 외국인 선교사와 그 가족이 묻혔다. 어쩌면 김옥균은 역사 속에 임재하시는 하나님이 택한 도상(途上)의 인물이 아니었을까 하는 생각도 든다.

그가 비록 '시대의 이단아'로 불릴지라도, 한국 기독교인들은 평등한 세상을 실천하려 했던 '인간 김옥균'으로 그를 한번쯤은 봐줬으면 한다. 양화진에는 '대역부도 옥균'이 있다.

김옥균(1851~1894)

1872년 알성문과 장원급제

1874년 교리·정언을 지냄

1879년 신사유람단 파견 주선

1882년 일본에 가서 메이지유신의
진행 상황을 살펴봄

1882년 9월~1883년 3월 수신사 박영효
일행의 고문으로 다시 일본에 감

1883년 6월 3차로 일본에 가 300만 원의
차관 교섭

1885년 1월~1894년 3월 망명 생활

1894년 3월 청의 이홍장(李鴻章)과 담판하려고 상하이로 갔으나
자객 홍종우에게 동화양행(同和洋行) 객실에서 암살됨

김옥균과 기독사상
"인간은 하나님 아래 평등… 백성 계몽해 근대국가 이루려"

"조선 말 개신교는 천주교와 결이 다릅니다. 무엇보다 백성은 조선 정부보다 구제에 앞장선 교회를 상위 개념으로 보았어요. 관리들의 수탈을 피하기 위해 교회로 모이기도 했죠. 그 교회에서 하나님 아래 평등한 인간임을 깨달았어요. 김옥균은 매클레이 선교사 부부와의 교류를 통해 이처럼 교회에 의지하려는 백성의 흐름을 꿰뚫어 본 거죠."

근대역사학자 박은숙 박사는 《갑신정변연구》, 《김옥균: 역사의 혁명가, 시대의 이단아》 등을 펴낸 김옥균 연구 전문가다. 서울 암사동 연구실에서 만난 그는 "김옥균이 기독교적 가치를 이해하고 교육·의료 선교 허용을 국가 차원에서 추진했다"고 단언했다. 이어 "김옥균은 서구적 가치, 즉 기독교 사상을 바탕으로 백성을 계몽 대상으로 삼아 근대국가를 이룩하려 했던 인물"이라고 했다.

평등과 천부인권 같은 김옥균의 생각과 사상은 흥선대원군이 주도하며 남긴 수구파가 득세하던 당시의 조선 조정에선 도저히 받아들일 수 없는 것이었지만, 10년 뒤 갑오개혁을 통해 99퍼센트 실현됐다는 것이다.

박 교수는 "따라서 한국 교회는 이식된 기독교라는 인식에 앞서 김옥균과 같은 국가 정책 입안자들이 복음을 먼저 받아들이려는 자율적 여건을 조성해 왔음도 분명하게 기억해야 한다"고 했다.

흥남의 크리스마스 기적,
9만 2천 명 살리다

의사 현봉학과 서울역 옛 세브란스의전 터

출근길. 퇴계로를 지나 서울 여의도로 향하는 버스가 지하철 서울역 6번 출구 즈음에서 신호 대기를 받곤 했다. 그때마다 차창 밖 동상 하나가 눈에 들어왔다. 높이 2.5미터인 동상은 연세대세브란스빌딩 앞에 서 있다. 옛 서울역 고가도로 '서울로7017'에서도 내려다보였다.

'현봉학 박사 상'

현봉학(玄鳳學)은 1950년 흥남철수대작전 때 미군을 설득해 9만 2천여 명의 피란민을 탈출시킨 전쟁 영웅이다. 그해 성탄절을 앞둔 이 작전을 두고 '크리스마스의 기적'이라고 칭한다. 사람들은 당시 미10군단 통역이었던 28세 의사 청년 현봉학의 인도주의적 사랑 실천을 두고 '한국판 쉰들러리스트'라고 한다. 그리스도인은 '한국의 모세'라고도 했다.

장군, 부탁드립니다. 제발 우리 국민을 도와주세요. 그냥 떠나

■ 근대의학의 산실 옛 세브란스병원 터에 세워진 의사 현봉학 동상. 함흥 미션스쿨 영생여
고보 교목 아들이었던 현봉학은 구제를 위해 의사가 되기로 하고 1941년 세브란스의학전문학
교에 입학했다. 지금의 남대문교회 찬양단원이기도 했다.

버리면 피란민들은 중공군에게 몰살당하고 말 겁니다.(영화 〈국
제시장〉 초반부)

이 대사는 통역관 현봉학과 10군단장 에드워드 알몬드의 대화를 극
화한 것이다. 현봉학의 눈물겨운 호소에 알몬드는 군수물자를 버리고 피
란민을 태운다. 당시 해병대 부대장으로 현봉학의 통역을 통해 미군과
작전을 펼쳤던 김성은(2007년 작고) 전 해병대사령관은 '한국판 모세 사
건'이라고 회고한 바 있다.

문재인 대통령도 2016년 현봉학 동상 제막식에서 그 대탈출과 특별
한 인연이 있다고 밝힌 바 있다. 1950년 흥남부두에 모여든 인파 가운데
문 대통령 부모와 어린 누나가 승선했기 때문이다. 그렇게 탈출한 문 대
통령 부모는 거제에 정착했다. 문 대통령은 1953년생이다.

그런데 모세와 같은 영웅의 동상이 왜 저 빌딩 앞에 자리하고 있을

■ 1950년 12월 20일 흥
남철수 광경. 철수 후 흥
남부두는 폭파된다.

까. 지금의 연세대세브란스빌딩은 옛 세브란스의학전문학교(연세대 의대 전신) 터이고 현봉학이 이 학교 출신 의사이기 때문이다. 1885년 조선 정부로부터 병원과 학교 설립을 허가받아 복음을 전하기 시작한 선교사들은 1904년 제중원을 세브란스병원으로 개칭하면서 병원과 의학학교를 사대문 안에서 남문(숭례문) 밖 복숭아골(현 도동 일대)로 이전했다. 도성 밖 이전은 구제를 위한 민중병원으로서 역할을 다하기 위함이었다. 병원 부지에는 병동과 의학학교, 교회가 근대건축공법으로 들어섰다.

첫 근대병원 자리에 세워진 '한국판 모세' 동상

현봉학은 목사 현원국(1937년 작고, 함흥 영생여고보 교목 등 역임)과 신여성 신애균(한국장로교여전도회장 역임) 사이에 태어난 6남 1녀 중 셋째 아들이다. 그의 형이 민중신학자 현영학(1921~2004)이고 동생이 해

■ 2016년 12월 현봉학 동상 제막식의 문재인 대통령(오른쪽, 당시 민주당 고문)

군 창설의 주역이자 호국인물인 현시학(1924~1989) 소장이다.

함흥YMCA 초대 회장 등을 지낸 현원국은 믿음과 현실이 분리되는 삶을 살아선 안 된다며 청년층의 가슴에 성령의 불을 질렀다. 선지자적 삶을 살아가던 그는 이화여전 수양회 설교를 준비하다 별세했다. 설교집《생명의 종교》가 1938년 기독교서회에서 출판됐다.

현봉학은 함흥 중앙교회 주일학교를 다니며 성장했다. 그는 "아버지는 '기독교인의 용기야말로 종기에서 돋는 새살처럼 교회를 재생하고 세상을 구제할 수 있다. 기독교인의 사명은 예수께서 남기신 사랑 실천의 미완성을 완성하는 것이다'라고 말씀하시곤 했다"고 기록했다.

현봉학은 함흥고보 우등생이었다. 2학년 때 조선어 과목이 폐지됐고, 신사참배를 해야 했으며, 기독교인이라는 이유로 탄압 대상이었다. 그는 "아무리 반발하는 마음이 강해도 그것을 드러낼 수 없었던 우리의 비극과 나약함이 슬프고 서러웠다"고 술회했다.

그럼에도 교회와 학교에는 늘 기독교정신으로 살아가는 선생들이 있었고, 그중에는 심지어 일본인도 있었다. 그는 기도하는 청년으로 살면서 우수한 성적으로 함흥고보를 졸업한 후 세브란스의전에 진학했다. 캐나다장로회 조선선교부가 현봉학 등 우수한 청년들의 학비를 도왔다. 그는 병원 및 학교 교회인 남대문교회 찬양단원 등으로 활동하며 예수 닮길 원했다. 무엇보다 병 고치는 은사에 충실했다.

'서울로7017'에서 바라본 근대의학의 산실 옛 세브란스병원 일대. 일제강점기 조선총독부는 근대도시 조성을 이유로 병원 부지 사이로 길을 뚫었다. 지금의 퇴계로 시작점이다. 현 연세대세브란스빌딩 뒤편 도동과 퇴계로 입구, 봉래동 남대문교회 일대는 한국 교회사의 의미 있는

땅이고 그 땅 한가운데 현봉학 동상이 건립된 셈이다. 순례길로 꼽아도
손색없다.

현봉학은 세브란스의전 시절 남대문교회 집사 가정의 가정교사로
입주해 생활하며 후암동 가마쿠라보육원(현 영락교회 사회복지시설 영락
보린원) 주일학교 교사로도 봉사했다. 가마쿠라보육원은 한국인을 사랑
한 일본인 목사 소다 가이치(1867~1962) 부부가 운영했다. "부부를 통
해 크리스천으로서의 삶이 무엇인가 조금이나마 깨달았다. 식민지 청년
에게 신선한 감동을 준 소다 할아버지 내외와 같은 길을 걷고 싶다는 충
동을 느끼기도 했다"고 현봉학은 증언했다.

그는 해방 전 평양기독병원 인턴 과정에서 '성자'로 불리는 장기려

■ 현봉학이 봉사하던 후암동 가마쿠라보육원. 지금의 영락보린원이다.

박사로부터 훈련을 받기도 했다. 1990년대 평양에 갔을 때는 이산가족인 장 박사의 북측 가족과 메신저 역할을 하기도 했다.

빅토리아 호 안에서 태어난 다섯 명의 생명

현봉학은 1947년 선교사들의 도움 등으로 미국 버지니아주립의대 수련의를 거쳐 세브란스의전 강사를 하다 6·25전쟁을 맞는다. 피란 대열에 합류한 그는 수원 즈음에서 부상당한 사람들을 돌본 것을 계기로 육군병원과 같이 행동하게 된다.

미국 10군단 알몬드 소장은 버지니아 루레이 사람이었다. 통역장교가 된 현봉학은 고향과 다름없는 함흥에서 교인과 고향사람들의 희생을 막기 위해 알몬드 소장에게 매달렸다. 알몬드는 현봉학의 억양에서 버

■ 현봉학이 전쟁 고아를 돌보고 있다. 흥남
철수 이후로 추정된다.

지니아 영어사투리를 느껴 그의 호소에 귀 기울였다. 자신의 고향에서 공부한 청년이라니…. 그리고 피란민을 승선시키라고 명령했다. 섭리로밖에 이해될 수 없는 대목이다.

"고맙다고 몇 번이나 머리를 꾸벅거리고 함흥시청과 도청으로 가서 모든 방법을 통해 사람들에게 알리라고 했어요. 나는 남부교회와 중앙교회, 성결교회, 운흥리교회에 들러 흥남부두로 가라고 했죠. 남부교회에 갔을 때 교인 40여 명이 내일이면 함흥이 함락된다며 절망한 가운데 지하실서 기도하고 있었어요. 제가 전해 준 철수 소식을 듣고 감동하여 '모세가 우리를 구하러 왔다'며 감격했습니다."

의사 청년 현봉학. 그는 1950년 성탄절을 앞두고 그렇게 대탈출을 위한 며칠을 보냈다. 그리고 그중 1만여 명이 탄 빅토리아 호에선 다섯 명의 새 생명이 태어났다. 미군은 그들에게 이름을 붙였다. '김치 1, 2, 3, 4, 5.' 우리들의 자랑스러운 이름이기도 하다.

현봉학(1922~2007)

1922년 함북 성진에서 태어남
1944년 세브란스의전 졸업·평양기독병원 인턴
1947년 미국 리치몬드 버지니아주립의대 유학
1949년 미국 10군단 사령관 고문
1950년 세브란스의전 강사
1961~88년 미국 뉴저지 뮐렌버그병원
1966~88년 뉴저지주립대 의대 교수
1977년 미국 서재필기념재단 초대 이사장
1996~2002년 아주대 의대 교수
1999년 해외 한민족진흥후원회 공동대표
2000년 중국 중학생 윤동주문학상 제정
2007년 별세

왜 나를 살리셨을까…
전도하는 농부 되다

전도인 원경선과 서울 북한산

전도인 원경선(元敬善). 화학비료와 농약을 쓰지 않고 자연의 힘만으로 농작물을 키워 시장에 내놓은 사람. 한국 유기농법의 선구자이자 식품그룹 '풀무원'이 있게 한 그리스도인이다. 세상 사람들은 그를 호미로 땅을 고르던 농부 어른으로 기억한다.

환경과 생명을 존중하는 삶을 살았던 원경선은 '인간상록수상'(1988), '인촌상'(1988), '녹색인상'(1992), 'UNEP 글로벌500상'(1995), '국민훈장 동백장'(1997) 등을 수상했다.

그는 보통학교를 졸업하던 해에 아버지를 잃고 지독한 가난과 상실감에 휩싸였다. 아버지가 남겨 준 유산이라곤 소 두 마리 값에 해당하는 40원의 빚뿐이었다. 배움이 모자랐던 소년이 할 수 있는 건 농사였다. 그러나 그 농사를 통해 그는 더불어 사는 삶이 어떤 것인지를 보여 줬다.

원경선은 세상이 요구하는 역경 극복의 영웅이 아니다. 그리스도인으로서의 삶을 충실히 산 신앙인일 뿐이다. 그는 열대여섯 나이에 예수 그리스도를 구주로 영접하고 말씀 따라 살기로 작정했다. 그리고 세상의 유혹과 핍박 가운데서도 오직 말씀을 붙잡고 버텼다. 넘어지고 깨어지고, 예수를 멀리하고 회개하면서도 바른길을 걷고자 했다. 이러한 그의 삶의 철학을 한마디로 정리하면 '정직'이다. 정직이 구원이라고 생각한 것이다.

보통학교 졸업한 가난한 농군 아들

원경선이 태어난 평남 중화군 상원군 번동리는 갈 수 없는 땅이다. 그가 가난을 피해 새로 정착한 황해도 수안군 읍내면 옥현리 역시 마찬

■ 원경선이 서울 돈암동 전차 종점에서 내려 정릉 골짜기로 향하던 길목의 아리랑고개. 가운데로 돈암동교회가 보인다.

■　정릉계곡을 따라 오르다 보면 북한산성 보국문을 만난다. 원경선에게는 '골
고다 골짜기'이기도 하다.

가지다. 그는 황해도 수안에서 '교회'라는 신문명을 접하고 "그곳에 가면 무언가 새로운 것들을 접할 수 있는 호기심이 있었다"(생전 구술·이하)라며 예배에 참석했다.

"그저 무언가 읽고 공부하는 마음으로 꾸준히 성경을 읽고 고단한 몸과 마음을 달래기 위해 기도하다 보니 자연스럽게 신앙의 길로 접어들었다."

해방 전 상경한 그는 고단한 서울살이를 했고, '충격적인 사건'을 겪은 후 중국 베이징으로 가서 외국인노동자가 되기도 했다. 6·25전쟁 후에는 농사를 통한 공동체 생활을 위해 경기도 부천과 양주 등에서 살았다.

원경선의 삶을 이해하는 지점은 북한산이다. 서울 돈암동―아리랑고개―정릉―북한산성으로 이어지는 그의 북한산길은 바울의 다메섹 도상과 같은 하나님과의 대면 공간이다.

정릉 청수장을 지나 버스 종점에서 내려 북한산 산행을 시작한다. 정릉 계곡은 1970~80년대 서울 시민이 즐겨 찾던 피서지였다. 초등학교 때 소풍을 가기도 했다. 당시 계곡을 차지했던 상가는 말끔히 정리돼 맑은 계곡이 자연 그대로 보존돼 있다. 지금은 북한산국립공원 정릉 지구다.

"하나님, 이 사람이 저 대신 죽었습니다. 만약 그날 제가 죽었다면 이 사람이 죽지 않았을지도 모릅니다. 이 몸은 하나님이 주인이십니다. 이 몸을 하나님께 바칩니다. 저를 당신의 뜻하신 바대로 쓰시고 거두어 주십시오."

1938년 여름. 원경선은 하나님 앞에 무릎 꿇고 울며 기도했다. 북한산 계곡, 즉 '골고다 죽음의 골짜기'를 벗어나고서였다.

어떤 사람이 예루살렘에서 여리고로 내려가다가 강도를 만나매
강도들이 그 옷을 벗기고 때려 거의 죽은 것을 버리고 갔더라.
(눅 10:30)

원경선은 먹고살기 위해 북한산에 올랐다가 강도를 만났다. 그리
고 자신 대신 그 강도들로부터 죽임을 당해 백골 시신이 된 소년이 있
었다. 1938년 여름을 떠들썩하게 했던 '정릉리 백골 사건' 중심에 원경
선이 있었다.

원경선은 1936년 수안을 떠나 상경해 우유배달을 하며 교회생활
을 했다. 어려운 가운데서도 종로YMCA 야간 영어학교를 다니는 성실

한 청년이었다. 이듬해 그는 서울 돈의동 플리머스형제단 계열 교회에서 참한 지명희 자매를 만나 가정도 이뤘다. 부부는 전도자의 삶을 살겠다고 서약했다.

그는 결혼 전, 교회 최병록 형제로부터 사진 기술을 배워 사진사가 됐다. 사진관 운영은 꿈도 꾸지 못하고, 사진기조차 빌려 잔칫집 등 기념사진을 찍는 출사로 돈을 벌어야 했다.

1938년 그 여름. 파고다공원(현 서울탑골공원)에서 무작정 고객을 기다리다 '동경 유학생'이라는 청년 두 명을 만났다. 그들은 친구들과 북한산 소풍을 가겠다며 출사를 요구했다. 이튿날 원경선은 어머니 배웅을 받고 돈암동 전차 종점에 내려 그들을 만났다. 둘뿐이었다. 찜찜했으나

◀···
■ '유기농의 아버지'로 불리는 그리스도인 원경선은 1938년 여름 북한산성 성문에서 '강도'를 만난다. 교회 형제에게 사진 기술을 배워 출사를 나온 때였다. 그의 삶의 '다메섹 도상'이었다.

···▶
■ 지명희와의 결혼사진. 신부는 배화학교 졸업 후 타이피스트로 일하고 있었다. 지명희는 시골 출신 우유배달부에게 광화문사거리에서 악수를 청했다.

61

돈 벌 요량으로 아리랑고개를 지나 정릉골짜기로 접어들었다. 구슬비가
내렸고 안개가 자욱했다. 그들은 산행 끝에 북한산성 성문 어귀에 이르
렀다. 지금의 보국문, 대성문, 대남문 중 하나일 것으로 추측된다. 그들
은 깊은 숲으로 그를 유도했다.

"오늘은 숲의 안개 때문에 사진이 잘 안 나옵니다. 내일 다시 만나
찍어 드릴게요."

간신히 그들과 헤어졌다. 이튿날 돈암동 전차역에 갔을 때 그들은
오지 않았다. 그리고 석 달 후 '정릉리 백골 사건'이 터졌다. 서울 도렴동
문화사진관 17세 소년 사진사가 전신에 돌을 맞아 백골이 되다시피 발
견된 것이다. '유학생 사칭' 두 사람이 범인이고 그들은 형제였다. 당시

■ 구순이 넘어서도 곡괭이를 지고 땅의
소산을 거두던 원경선. 그는 '전도하는 농부'
였다.(사진 황헌만, 도서출판 한길사 제공)

신문은 "당초 강도들은 원모(원경선) 사진사를 죽이려 하였으나 말끝에 원모가 외아들이라는 것을 알고 인면수심의 그들도 양심의 가책을 받아 살해를 단념하였다"고 보도했다. 그 시절 렌즈는 소 두 마리 값이었다. 백골 시신이 발견된 후 범인들은 절도죄로 형무소에 있어 행방을 알 수 없었다. 하지만 원경선이 사건이 보도된 신문을 보고 경찰서를 찾아가 탐문 끝에 범인들을 잡을 수 있었다. 원경선 대신 강도 만난 사람은 '이웃'의 어린 소년이었다.

"그 순간 나를 지켜 준 존재는 누구인가. 그분이 나에게 맡기신 일은 무엇인가. 몇 번을 되묻지 않을 수 없었다."

그는 살면서 '강도 만난 자의 이웃 되는 사마리아인'이 되기로 결심했다.

'정릉리 백골사건'과 강도 만난 자의 이웃

어린 시절, 원경선은 보통학교 교사가 학비를 대신 내줘 그나마 졸업할 수 있었다. 훗날 "세상에, 그렇게 좋아 보기는 처음이었어"라고 회상했다. 그는 졸업 후 모교를 찾아 농사지어 번 돈으로 학비를 반환했다. 교사들이 어안이 벙벙한 표정이었다고 한다. 일본인 교장은 그의 정직함을 학생들에게 훈화했다.

그렇게 정직하고 성실했던 원경선은 졸업 후 교장 추천으로 군청으로부터 영농자금 혜택을 받았다. 어느 날, 주일에 군청에서 모범 영농 시찰을 나온다고 했다. "주일은 교회에 가야 해서 안 됩니다." 그는 거절했지만 돼지 잡고 술 받아 놓으라는 압력이 계속됐다. 주일 예배 도중 그들이 들이닥쳤다. 그들은 노발대발했고 소환장이 날아들었다. 군청 주사는 "조센징들은 근본 정신상태가 틀려먹었어. 천황폐하의 하늘과 같은 은혜를 도대체 뭐로 생각하는 거야"라며 몰아붙였다.

그는 짧게 답했다. "신앙에 위배되는 일로 나를 간섭하려 한다면 모든 것을 반환하고 내 길을 가겠습니다." 황해도 수안 집을 떠난 까닭이었다.

서울 '강도 사건' 후 원경선은 베이징으로 가 인서사(인쇄소)를 운영했다. 베이징행은 강도 사건의 충격을 잊고 싶어서이기도 했다. 아내가 타이피스트 출신이었기에 사업이 가능했다.

베이징에서 해방 소식을 들은 그는 7년 만에 귀국했고, 곧바로 토목 건축 청부업에 뛰어들게 됐다. 영어가 됐기 때문이다. 하지만 급격히 신

■ 원경선이 하나님을 멀리하다 차량 전복 사고를 통해 죽음을 경험했던 서울 경인로(고척스 카이돔 앞)

양심이 흐트러졌다. 군정 관계자들에게 뇌물을 주어야 공사를 딸 수 있는 것이 관행이었다.

"그리스도인이란 건 말 그대로 명목뿐이었어. 정신없이 타락했지. 양심의 가책도 나중에는 모르겠더라고. 그러다 결국….."

어느 날 미군 트럭 짐칸에 앉아 인천 부평 공사현장에 가는 길이었다. 오류동에 이르렀을 때 과속하던 차가 미끄러져 전복됐다. 또다시 기적적으로 살아남은 그는 양심을 찌르는 격심한 영혼의 통증을 느꼈다. "하나님, 나 자신도 나를 사랑할 수 없습니다. 오로지 초자연 하나님만이 나를 사랑할 수 있습니다."

1949년, 그는 타락한 생활을 청산하고 다시 흙으로 돌아갔다. 경기도 부천군 도당리(현 부천시 도당동)에서 농사를 지으며 고아를 돌보기 시작했다.

서울 경인로 고척스카이돔 앞 국도. 그가 교통사고로 하나님 앞에 두 번째 무릎 꿇은 다메섹 도상이다. "북한산 죽음의 고비를 넘기며 얻은 깨달음과 약속, 그리고 이를 망각하고 저버렸던 죄 많고 보잘것없는 인간을 살려 주신 하나님….."

그의 간증과 기도가 귀에 들리는 듯했다.

그의 제자 유재현(전 경실련 사무총장)이 생전 원경선에게 물었다. "선생님은 자신의 직업이 뭐라고 생각하십니까?" 그가 주저 없이 답했다. "전도자입니다. 내 평생의 직업은 오로지 전도하는 농부올시다."

원경선(1914~2013)

1914년 평남 중화 태생
1924년 황해도 수안군으로 이주
1929년 보통학교 졸업
1933년 농원 운영하며 감리교회에서 설교
1936년 서울로 이주,
    플리머스형제단 계열 교회 정착
1937년 돈의동교회 자매 지명희와 결혼
1955년 경기도 부천 도당리 땅 개간, 공동체 돌봄
1961~2000년 경남 거창고 재단이사장
1976년 경기도 양주 풀무원공동체·정농회 창설
1988년 국제기아대책 한국 지부 창설 주도
1997년 국민훈장 동백장

숯장사·조선 사대부
'신앙 동지' 되다

독립운동가 전덕기·이회영과 서울 남대문시장

서울 중구 한국은행 앞 사거리. 우리 역사의 다양한 스펙트럼을 보여 주는 상징적인 곳이다. 특히 조선 말과 일제강점기라는 시공간으로 한정 지어 놓고 볼 때 뼈아픈 장소이기도 하다. 일제가 이 사거리를 중심으로 일본인 거리를 조성하여 조선 통치의 거점으로 삼았기 때문이다. 이 지점에서 보자면 북서쪽으로 경복궁, 북쪽으로 조선 사대부들의 공간 북촌, 서쪽으로 숭례문, 동쪽으로 청나라 사람들 주거지 명동, 남쪽으로 남산이 자리했다.

독립운동가 우당(友堂) 이회영(李會榮)은 조선의 사대부였다. 그의 가문은 조선 내내 왕가와 혼인을 맺으며 명문가로서의 지위를 유지해 왔다. 나라에 충성했고 효를 행함으로써 백성의 신임을 받았다.

서울 명동성당 정문 맞은편에 기독여자청년회(YWCA) 회관이 있다. 이회영가는 대대로 이 일대를 소유한 사대부였다. 명동 부근 수령 150년 남짓의 은행나무가 그의 아버지 이유승(이조판서)이 심은 것이라 한다. 어머니 정 씨도 이조판서를 지낸 정순조의 딸이다. 명동과 저동 일대 땅을 소유한 아흔아홉 칸 대감댁이었던 것이다. 그들은 서울 북창동 땅과 황해도 개풍군 인삼밭도 소유하고 있었다.

명동성당 남쪽 방향으로 주한중국대사관이 있다. 소중화(小中華)를 자처하던 조선은 성리학을 바탕으로 명·청나라를 섬겼다. 그 명·청 사신들이 명례방(명동)을 이뤄 살았고 외세 권력의 중심이 됐다. 임금과 사대부들은 당연히 명례방을 소홀히 대할 수 없었다. 이회영도 청나라 정치가로 조선에 총리교섭통상대신으로 온 위안스카이(袁世凱, 1859~1916)와 깊은 교분을 나누었다. 그런 이회영은 목사이자 독립운동가 전덕기

■ 조선 말, 숭례문 쪽에서 바라본 남대문시장(남문안시장) 거리(위)와 선교사 계열의 저서에 담긴 사대문안 지도. 하단에 '상동예배당'(붉은색 점선)이 보인다.

(全德基)를 만나기 전까지 뼛속 깊은 조선사대부였다.

사대부 이회영이 접한 '자유와 평등'

전덕기는 숯쟁이 집안 출신으로, 고아나 다름없었다. 조실부모하고 삼촌 도움으로 남문안시장(남대문시장)에서 숯장사를 하며 사고나 치던 상놈에 불과했다. 그가 이회영 같은 지체 높은 양반을 만나는 것은 불가능했다. 그러나 남문안시장과 저동 이회영 집이 1킬로미터 남짓이었다.

서울 상동교회 건물. YMCA운동가 전택부(全澤鳧, 1915~2008) 선생이 신앙과 민족운동의 요람 상동교회 예배당이 교상(敎商)복합건물(1970~80년대)이 된 것을 세속화라며 통탄했듯 저층 대부분은 임대 상가다. 19세기 말 예배당이자 기독교 민족지도자 양성을 위한 공옥학교

■ 서울 명동성당 건너편 YWCA 회관. 이 일대는 이회영가(家) 저택이었다.

(초교 과정), 상동청년학원(중·고교 과정), 그리고 민중병원(시약소) 터였고, 전덕기 이회영 이동녕 등 이른바 '상동파'들의 독립운동가 본부였던 곳이다.

이회영은 20대 초 독립운동가 이상설(1870~1917), 이준(1862~1932) 등과 합숙하며 수학·역사·법학 등 신학문을 공부한 유교지식인이었다. 오늘날 우리는 '노블레스 오블리주'를 실천한 대표적 한국인으로 그의 가문을 칭송한다.

그는 30대 초반 개풍에서 삼포농장을 경영하며 독립운동의 의지를 다졌다. 1905년 을사늑약이 체결되자 전덕기, 이상설, 아우 이시영(1869~1953) 등과 을사늑약 파기 운동을 전개했다. 그러나 운동 차원으로 국권 회복이 어려워지자 을사오적 척살도 모의했다.

전덕기는 1900년대 초 상동교회 협동목회자가 됐다. 그리고 1904

■ 늘 인파로 붐비는 서울 남대문시장과 맞닿은 상동교회 뒤편 시장통. 1800년대 말 숯장사꾼 전덕기는 이 시장통에서 장사를 하다 예수를 믿고 신민(新民)이 됐다. 그리고 신학을 공부하고 상동교회 목사가 됐다. 민족운동을 이끈 독립운동가이기도 하다.

년 10월 상동교회 청년회 이름으로 상동청년학원을 설립한다. 이 두 사람의 만남은 전덕기가 상동교회 속장(屬長) 및 유사(有司)가 되어 활동하던 1898년 무렵일 것으로 보인다. 당시 전덕기는 독립협회 만민공동회 연사로 참여했다. 그는 남문안시장 장터에서 빼어난 웅변으로 망국에 처한 백성들의 호응을 받았다. 선지자의 목소리였다.

"그가 장터 연설에 나서면 구름같이 사람들이 몰렸어요. 신분사회에서 평등과 자유를 이야기하니까요. 민중이 술과 담배를 끊고 새롭게 살아야 한다고 역설하는 거예요. 그리고 이 개명한 시대에 상놈과 양반이 어디 있느냐는 거지요. 나아가 결코 일본 사람들 지배를 받을 수 없다는 거였죠."

상동교회 내 민족교회연구소 김종설 국장의 얘기다. 만민공동회 연사 전덕기의 웅변은 장안에 금세 퍼졌다. 서양 문명의 합리적 생활양식

■ 상동교회 옛 모습. 교회 내 병원, 학교가 있던 민족운동 요람이었다.

을 권장하는 내용도 계몽적 연설에 담겼다. 자연히 위생, 보건, 교육, 신분차별 등이 거론됐다. 복음에 근거한 메시지였다.

"이회영은 국권 회복을 위해 만민의 힘을 모으던 숯쟁이 출신 연사를 주목했어요. 그가 어떻게 저런 새사람으로 변했을까 하고 따져 보니 상동교회와 선교사들이 있었어요. 그리고 전덕기가 말하는 자유와 평등을 깨닫고자 했어요. 야소교 사람들이 자유와 평등을 심어 준다는 걸 알았죠."(상동교회 민족교회연구소 김종설 국장 증언)

예배당에 돌 던지던 소년 전덕기

이회영은 신분과 장유유서 관습에 크게 벗어남에도 전덕기를 찾아 예를 표했다. 그는 대인이었다. 두 사람은 이내 민족적 자각에 뜻을 같이

■ 1920년대 중반 이회영. (앞줄 왼쪽) 뒷줄 오른쪽이 처단된 밀정 김달하이다.

했다. 이회영은 전덕기의 대중적 연설이 국권회복운동에 큰 도움이 되리라 생각했다. 전덕기가 대중의 언어로 연설하는 것을 사대부 엘리트들이 따라갈 수 없었다. 전덕기는 가난하고 핍박받는 자를 이끄신 예수를 소개하곤 했다.

이회영도 예수 그리스도를 영접했다. 그리고 상동청년학원 학감으로 부임했다. 상동청년학원에서 이회영은 2년여간 서구식 과목을 개설하고 지도했다. 이회영과 함께 독립운동을 한 이관직(李觀稙)은《우당 이회영 실기(實記)》에서 "우당은 상동교회에 다니며 세례를 받고 성경공부를 하였다"라고 기록했다. 상동교회는 평민들이 모이는 독립운동 요람이었다. 이회영, 이동녕, 김구, 이준, 이상설, 신채호, 노백린, 남궁억, 최남선, 양기탁, 주시경, 이상재, 이승만 등이 전덕기 목사를 중심으로 모여들었다. 그들은 상동교회 비밀 아지트에서 을사늑약 반대 '도끼상

■ 서울 신교동 우당기념관. 그 후손들이 이 일대에 살았다.

소'와 오적척살(五賊刺殺)을 모의했다. 헤이그 특사 파견 등 구국운동에
도 전력했다. 김종설 국장이 이어갔다.

"예수를 영접한 조선 엘리트들은 신민(新民)이 됐습니다. 신민이라
는 게 뭡니까. 거듭난 새사람 아닙니까. 항일비밀결사 신민회는 전덕기,
이회영 등 상동파가 뿌리입니다. 신민회는 1911년 소위 105인 사건으
로 해체되지만 그 근간에 자유와 평등을 앞세운 기독교 사상이 자리했
던 겁니다. 그 성서적 메시지를 전덕기 목사가 전했고 이회영 등이 실천
에 옮긴 겁니다."

전덕기는 예수를 믿기 전, 달궁교회(상동교회 전신) 유리창에 돌을
던지던 소년이었다. 달궁은 지금의 한국은행 본관 일대로, 세도가 달성
서씨의 달성궁이 있었다. 선교사 스크랜턴과 어머니 메리 스크랜턴(이
화여대 설립자)이 그 일대에 교회와 사택 그리고 시약소(施藥所)와 학교
를 세웠다.

스크랜턴 대부인이 유리창을 깬 범인을 잡고 보니 16세 소년이었
다. 바로 전덕기다. 그는 온유한 미소로 다가가 소년을 용서했다. 이에
충격받은 전덕기는 온유한 미소에 이끌려 예배당에 발을 들였다. 예비
하신 이끄심이었고, 예비하신 만남이 이어졌다.

전덕기 (1875~1914)

1875년 서울 정동 출생
1889년 남대문시장 숯장사
1892년 스크랜턴가에 고용됨
1896년 주시경 이승만과 독립협회 가입
1901년 상동교회 목회 시작
1902년 아펜젤러 순직예식 대표기도
1904년 상동청년학원 설립
1905년 이회영 등과 을사오적 척살 모의
1907년 헤이그 특사 파견 지원
1909년 경성고아원장 취임
1914년 상동교회 사택에서 소천

이회영 (1867~1932)

1867년 서울 저동 출생
1885년 이상설 등과 신흥사에서 수학
1905년 전덕기 등과 을사오적 척살 모의
1908년 상동교회에서 이은숙과 신식 결혼
1910년 노비 해방 후 재산 정리, 남만주로 망명
1911년 베이징에 독립군기지 설치
1919년 임시정부 참여
1924년 의열단 지원 및 아나키스트운동 주도
1931~1932년 일본공사관 폭파 등 무상투쟁
1932년 다롄서 체포된 후 고문당한 끝에 순국

"상동교회학교, 팔도 운동자들 기관소"

우당장(남편 이회영)은 남대문 상동청년학원 학감으로 근무하시니 그 학교 선생은 전덕기, 김진호, 이용태, 이동녕 씨 다섯 분이다. 이들은 비밀독립운동 최초의 발기인이시니, 팔도의 운동자들에겐 상동학교가 기관소가 되었다고 해도 과언이 아닐지라.

종조 해관장(할아버지 남자형제인 독립운동가 이관직)이 상동교회학교 안에 애국자들이 모여 결사운동한다는 소문을 듣고 학교로 찾아와 우당장을 면회 후 시시로 방문하여 주의(主義)가 합하여 친밀하여 공사간 의논했다. (부인 이은숙의 회고록《서간도 시종기》에서)

"나리, 예수 믿으소서"…
마부가 왕손을 전도하다

마부 영수 엄귀현과 서울 봉화산

　　서울 동쪽 봉화산(해발 159.8미터) 정상에 오르면 서울 동남쪽 일대
가 시원하게 보인다. 왼쪽 아차산과 오른쪽 남산의 숲이 시야에 들어온
다. 남산의 N서울타워(남산타워)와 아차산 뒤쪽으로 뾰족 튀어나온 롯데
월드타워가 '번영의 대한민국'을 웅변한다. 봉화산은 조선시대 봉수대가
있던 곳으로, 서울시 사적 15호이다. 〈대동여지도〉에는 주능선을 아차
산으로 봤기 때문에 '아차산봉수대지'로 표시했다. 봉화산은 현재 서울
중랑구에 속하는 야트막한 산이다.
　　오늘날 서울 동부지역의 복음은 바로 이 봉화산 자락에서 퍼져 나
갔다. 1904년 미국 감리회 하운셸(한국명 하운설)과 미국 북장로회 클라
크(곽안련) 목사에 의해 초석이 다져진 봉화현교회(현 서울 중화1동 경동
제일교회)는 중랑·동대문구, 구리·남양주·양평 지역 교회의 모교회다.
　　교회 설립 당시 이 일대는 경기도 양주군 남면이었고, 일제강점기

■　서울 중랑구 봉화산 정상에서 본 경동제일교회(오른쪽 아래 부분)와 한강 방향 서울. 왼쪽 아차산 뒤로 잠실 롯데월드타워 건물이 튀어나왔다. 경동제일교회는 1904년 설립됐다. 이 교회 초기 성도 엄귀현 영수는 평생 마부로 살았다.

■　경동제일교회 예배당. 봉화현교회였으나 1942년 경동제일교회로 이름을 바꿔 오늘에 이른다.

때는 양주군 구리면이었다. 1963년 서울 동대문구 중화동이 됐고 1988년 중랑구에 속하게 됐다. 조선시대 서울 동부지역은 도성에 채소와 육류, 과일 등을 대는 농지였다. 그중 봉화산 자락은 과수와 배추, 미나리 농사가 잘됐다. 1970년대까지 봉화산 일대는 배밭으로 유명했다.

마부 엄귀현, 왕손 이재형에게 "예수 믿으시오"

엄귀현이라는 우직한 마부가 이 산자락에서 태어났다. 봉수대가 있던 마을이라 봉수군 후손이라는 얘기도 전해진다.

마부 엄귀현은 6·25전쟁 중이던 1951년 2월 경기도 안양 즈음에서 미군 전투기 폭격에 의해 죽었다. 피난 도중 동생, 부인 그리고 말과 함께 폭사했다. 그는 전쟁 발발 직후 교회를 지키기 위해 피난을 가지 않았는데 1·4후퇴 때 교인 등의 권유로 마지못해 피난을 가다 변을 당했다.

평생 마부로 살았던 그를 한 줄로 기록하라면 '경동제일교회 영수(領袖) 엄귀현'이다. 영수는 한국 초대교회 직분으로, 그 직책은 교회의 모든 일을 관리하는 봉사직이다. 영수는 교회 종치기, 청소, 행정 업무는 물론 설교자가 없을 때 설교도 했다. YMCA운동가 전택부 선생은 엄귀현을 두고 "봉화현교회(1942년 경동제일교회로 개명)는 엄 영수의 기도와 피땀이 어린 곳"이라고 기록을 남겼다. 선생은 한국 초대교회사를 여러 형태로 정리하면서 필부(匹夫) 신앙인 엄귀현의 삶을 귀하게 여기고 꼼꼼히 기록했다. 한국 교회가 영향력 있는 목회자나 장로 중심의 서술이었던 점에 미루어 진택부 선생의 엄귀현에 대한 집근은 사람들에게 많은 감동을 주었다.

《경동제일교회 95년사》는 그를 "하나님의 부르심을 받을 때까지 신

■ 서울 중랑구 봉화산 정상의 봉화대와 관리사무소. 터만 있던 것을 1994년 복원했다.

앙을 잘 지키다 간 사람"이라고 적었다. "주일과 수요일 밤이면 남폿불을 켜서 예배드릴 수 있도록 준비했고, 새벽종을 치고 청소를 빼놓지 않았으며, 겨울에는 난롯불을 꺼뜨리는 일이 없었다"라고 했다. 말고삐를 잡고 "이놈아, 오늘 삼일 밤 예배 있는 날이다. 어서 가자" 하며 말을 사람 대하듯 했다.

이런 성실함을 눈여겨본 이 교회 용희창 목사는 1940년 그를 서리집사에서 영수로 임명한다. 마부라는 비천한 신분의 그가 교회 지도자가 된 것이다. 그는 황송하다며 머리를 조아리고 하나님께 충성하겠다고 맹세했다.

이 필부의 이야기는 언제부턴가 한국 교회 설교 예화에 등장했다. 왕가 출신 이재형(1871~1947) 목사를 전도한 이가 엄귀현이기 때문이다. 설교 예화는 엄귀현의 사진이 한 장도 없었던 탓에 부풀려진 이야기가 아닌가 하는 의심도 있었다.

경동제일교회 예배당 1층 복도. 선대 목사와 장로 얼굴 사진이 횡으로 이어졌다. 거기에 '3대 영수 엄귀현'이라는 사진이 눈에 띈다. 깐깐한 시골교회 장로 같다는 느낌이다.

■ 마부 엄귀현은 왕손 이재형(훗날 목사, 왼쪽 사진) 대감의 견마잡이를 하면서 그에게 예수 믿을 것을 권했다. 경동제일교회 2대 목사 용희창(오른쪽)은 엄귀현 서리집사를 영수로 선임했다.

경동제일교회 고 강광섭 장로는 이렇게 회고했다.

"엄 영수님은 나보다 훨씬 웃어른인데 그 신앙은 누구도 따를 사람이 없었어요. 본래 기운이 장사이고 예수 믿기 전 아주 사나우셨으나 예수 믿고 양순해지신 분이죠. 엄 영수님은 자나 깨나 기도하셨어요. 예배당 바닥에 이마를 대고 기도했거든요. 어찌나 그랬던지 이마에 달걀만한 못이 박혔어요."

이렇게 신앙이 뼛속까지 박힌 엄귀현이 어느 날 이재형 나리 견마잡이로 나섰을 때 얘기다. 이재형은 왕손 이재황(고종 임금)보다 이르게 태어났더라면 왕이 될 수 있던 서열로, 통상 승동대감으로 불렸다. 과거 급제 후 풍기군수를 거쳤으나 세상이 어수선해서 되는대로 사는 왕손이었다. 그가 충주 선산에 갈 때 엄귀현이 마부로 따라나섰다. 이때 엄귀현은 극진히 이재형을 모셨다. 주막에서 잠잘 때 불침번을 설 정도로 자기 일에 정성이었다. 이런 그가 하도 대견해 이재형이 이것저것 묻게 됐다. 한데 당혹스러운 얘기를 하는 것이 아닌가.

"나리, 황송하오나 오늘부터 예수를 믿으소서. 그래야 나리도 죄 사함 받고 영생을 얻을 수 있사옵니다."

이재형은 버럭 화를 냈다. 하지만 내심 마부꾼이 양반더러 예수 믿으라 하는 세태에 놀랐다. 병원과 학교 짓는 예수꾼들이 마부 같은 천한 백성의 마음을 움직였단 말인가.

그리고 세월이 흘렀다. 이재형의 아내 정씨부인이 먼저 예수를 믿게 됐다. 이재형은 주유천하(周遊天下)하고 있었다. 결국 이재형이 재산을 탕진하고 갈 곳 없어 집으로 돌아오자 아내와 승동교회 교인들이 너나없이 그를 예배당으로 등 떠밀었다. 이재형은 호통 치며 나무랐다. 하지만 순종이 즉위하자 울적한 마음에 교회에 나가기 시작했다.

1910년 국권이 피탈된 후 나라가 울분에 휩싸였다. 교회는 백만구령운동으로 매달렸다. 이 무렵 경기도 사경회가 승동교회에서 열렸다. 초신자 이재형은 사경회에서 '마부 엄가'를 보게 됐다. '엄가'가 근엄하게 꿇어앉아 기도하고 있는 것이다.

"형님, 이렇게 만나니 반갑구려. 내게 전도하던 엄가 아니시오" 하고 그를 반겼다.

이에 당황한 엄귀현은 "나리, 저를 형님이라 부르다니요. 황송하옵니다. 그런데 나리께서도 예수를 믿으십니까. 할렐루야!"

"마부 신세 면하려고 예수 믿는 게 아닙니다"

승동교회 교인들 앞에서 벌어진 이 일은 금세 퍼졌다. 이 교회 양반 출신 박승봉 장로와 교회 천민들은 이 기적 같은 일에 형제자매가 되어 춤을 추었다.

1943년 12월 19일 주일 주보. '경동제일교회 장로 취임식과 안수식' 순서지가 경동제일교회 사료로 남아 있다. 이 순서지에는 이재형 목사가 교인들에게 주는 "교회에게"라는 제목의 권면 시간이 기록되어 있다. 이날 예배는 그가 축도를 함으로써 마친다. 이 예배를 준비한 이는 엄귀현 영수다. 마부와 왕손으로 만난 두 사람이 영수와 초청 목사로 함께 예배를 드린 것이다. 이재형은 회심 후 신학공부를 마치고 남대문교회 초대 목사와 승동교회 목사를 지냈다.

한데 이 순서지는 일제가 강제하는 '국민의례'를 예배 머리에 담고 있다. 일제가 태평양전쟁을 일으키고 교회에 가해지는 황국신민화 모습이다. 왕족이 됐든 마부가 됐든 나라 잃은 백성은 이렇게 역사의 질곡 속

■ 해방 이후 경동제일교회 부흥사경회 기념사진(위)과 경동성경학원 졸업식 사진
(아래). 앞줄 오른쪽 다섯 번째가 이 교회 초기 사역자 클라크 선교사다. 클라크는 하
운셀 선교사와 경동교회 등을 순회 목회했다.

으로 빠질 수밖에 없었다.

해방 후에도 엄귀현은 마부 일을 계속했다. 충주 가던 길에 이재형에게 "저는 마부꾼 신세 면하려고 예수 믿는 게 아닙니다. 도리어 이제부터 마부꾼 노릇 더 잘해얍지요. 나리께서 예수 믿으시면 일평생 마부꾼으로 나리를 모시겠습니다" 하던 그였다.

엄귀현은 일감을 가지고 말을 몰고 도성을 향할 때면 세 차례 멈춰 기도를 올렸다. '봉우재 한길가', '중랑천 다리목', '안감내 다리목' 지점에 서였다. 봉화산 정상에서 그 위치를 가늠해 보았다. 지금도 중랑천만은 분명히 드러나 가늠이 가능하다.

엄 영수는 1·4후퇴 당시 평택까지 내려갔다가 "교회를 지켜야 한다"며 되돌아오다 숨졌다. 오르내리던 길에 시체가 보이면 국군이건 인민군이건 보이는 대로 묻어 주고 무릎 꿇고 기도했다. 그리고 동행하던 동생마저 폭격으로 죽자 아내와 함께 달려들어 기도드리다 이어진 폭격에 그 자세로 죽었다. 전택부 선생은 생전 그의 참된 신앙을 발굴해 세상에 드러냈다.

■ 엄귀현(1876~1951)

85

"영수님께 어떤 품위를 드려야 할지"
YMCA 운동가 전택부 선생의 탄식

"아 애석하고 가엾다. …한국 교회는 엄 영수와 같은 성스러운 죽음을 어떻게
보고 있는가. 일평생 말과 함께 남을 섬기다 죽은 님, 일평생 남을 위해 기도
만 하다 죽으신 님, 일평생 궂은일만 도맡아 하시다 죽으신 님, 이런 엄 영수
님에게 어떤 품위를 드려야 죄스럽지 않을까. 이에 대해 한국 개신교회는 너
무도 무심하다. 크게 반성해야 할 일이다."

YMCA 운동가 전택부 선생이 《토박이 신앙산맥》에서 밝힌 내용이다. 엄귀
현은 남들이 '장로'가 될 때 그 아래로 취급받는 '영수'에 머물렀다. 결코 그
가 장로가 되고자 하지 않았을 것이다. 다만 엄 영수의 성스러운 이야기가 받
들어지지 않고 발굴되지 않은 데 대한 전택부 선생의 탄식이 깔려 있다. 전택
부 선생은 경건한 삶을 살았던 천주교 수도원 문지기 꼰라도와 알퐁소, 부엌
데기 필라델포 등이 성자 반열이라며
애석해했다.

한국인 첫 여의사 박에스더의 남편
박유산도 마부였다. 그는 가난한 이
에게 헌신하는 의사 아내를 돕다 미
국 땅에서 숨졌다. 폐병쟁이로 교회
종지기를 하며 작가가 됐던 권정생도
비천했다. 이런 경건한 이들이 숱하
다. 한국 교회가 목사 등 교역자 중심
의 신앙 인물 발굴에서 그 폭을 넓힐
필요가 있다.

■ YMCA 운동가 전택부 선생

경기
지역

"조국이여 안심허라",
젖과 꿀 흐르는 이상촌 꿈꾸다

가나안농군학교 김용기 장로와 경기 남양주 봉안이상촌

서울 도심을 빠져나와 경기도 남양주시 조안면 다산로407번길 봉
안교회를 찾아 나선다. 팔당댐을 지나 양수리 방향으로 향하자 다산 정
약용 생가 마재마을을 안내하는 팻말이 이어진다. 이제 수도권 사람들
에게 다산 생가는 유명 관광지가 됐다. 남한강과 북한강이 만나는 두물
머리 마재마을의 생태 자연환경과 다산의 반듯한 삶이 사람들의 마음을
사로잡기 때문이다.

봉안교회는 다산삼거리에서 2.5킬로미터쯤 더 간 곳에 있다. 능내
리 봉안마을이다. 일가(一家) 김용기(金容基) 장로는 바로 이 봉안마을에
서 농사꾼의 아들로 태어나 농민운동으로 한평생 산 크리스천 선각자다.
1954년 경기도 하남시(당시 광주군)에 싱서에 기반을 둔 생활 및 의식
개혁 지도자 양성소 '가나안농군학교'를 설립한 그는 한국사회 근대화에
앞장선 인물로 평가받는다. 가나안농군학교는 강원도 원주와 경기도 양

■ 일제강점기 경기도 남양주 기독교공동체 봉안이상촌의 성소였던 봉안교회. 일가 김용기
장로는 젊은 시절 이 봉안이상촌을 모델로 가나안농군학교를 설립한다.

평 등에서 이어지고 있다.

　김용기는 세계 최빈국으로 꼽히던 우리나라를 가난에서 벗어나게 하는 게 제일 큰 목표였다. 이를 실현하기 위해 농군학교를 통해 개척적이고 진취적인 인재를 길러내 민족을 세우고자 했다. 그러한 그의 방향은 1960~70년대 '조국 근대화'라는 박정희정부의 정책과 맞아떨어졌다. 그 시대 '가나안농군학교'라는 고유명사는 '새마을운동'과 함께 근대화의 상징적 언어가 됐다.

가나안농군학교의 뿌리 '봉안이상촌'

　그런데 크리스천이 일반인보다 깊이 들여다봐야 할 점은, 김용기의 사상의 뿌리는 하나님 나라이고 그 하나님 나라의 실현을 고향 봉안촌에서 시작했다는 것이다. 그는 우리가 구약의 이스라엘 민족처럼 종살이 하는 것과 같다고 보았다. 복음을 받아들이고 구세주 예수를 기다리며 믿음 생활에 힘쓰면 젖과 꿀이 흐르는 가나안에 이를 수 있다고 생각했다. 일제강점기 '봉안이상촌' 건설은 이러한 믿음으로 시작됐다. 봉안교회는 참신앙을 찾아 서부를 개척한 청교도들이 제일 먼저 교회와 학교를 세운 것과 같은 회당이었다.

　봉안교회는 1912년 설립됐다. 김용기의 아버지 김춘교가 남양주 용진교회 한 교인이 전해 준 전도지를 보고 예수를 믿은 후 마을에 기도처를 둔 것이 출발점이다. 마을 안동김씨 문중은 김춘교 축출을 결의하는 상황에까지 이르렀으나 그는 신앙을 버리지 않았다.

　어린 김용기는 부모로부터 엄격한 신앙훈련을 받으며 미션스쿨 광동학교에 입학했다. 양평군 양서면 신원리에 있던 이 학교는 독립운동

가 몽양 여운형(1886~1947)이 고향에 설립한 근대 교육기관이다. 김용
기는 나룻배로 두물머리를 건너 통학했다. 김용기 사상의 밑바탕이 된
곳이 광동학교인 셈이다.

김용기는 이 학교에서 신앙인의 자세와 민족의식을 교육받았다. '하
나님 나라와 그의 의'를 구하려면 '근로, 봉사, 희생'이라는 예수의 정신
이 이 땅에서 생활로 실천돼야 한다는 것을 배웠다. 그리고 고향에 남아
에덴향을 세우기로 결심했다.

그의 저서《나의 한길》에 나타난 이상촌에 관한 대목을 옮겨 본다.

나라를 빼앗긴 지 20여 년, 일제의 수탈정책에 농토마저 빼앗겨

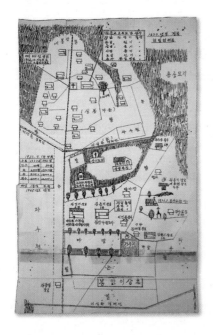

■ 일제강점기 남양주 봉안이상촌 그림
지도. 교회를 중심으로 농장과 건물이 배
치되어 있다.

가던 암담하던 그 시절… 안창호 선생이 모범촌을 계획했고, 이 승훈 선생이…자면회를 조직했으며, 춘원은 소설 "흙", 심훈은 "상록수"를 써 흙에 대한 사상, 곧 잠자는 의식을 일깨웠다. … 내 젊은 피도 잠자고 있을 수 없었다. "흙"과 "상록수"에서처럼 모범 이상촌을 계획했다.

봉안이상촌 건설을 위해선 자금이 필요했다. 그는 공사판에서 장사 하며 돈을 벌었다. 당시 청량리~양평을 잇는 중앙선(1939년 개통) 공사 가 한창이었는데 봉안촌 인근으로 그 철로가 지나갔다. 그는 인부들에게 음식과 잡화를 팔아 3,500원이란 거금을 벌었다. 이상촌 건설에는 토지 7만 9,338제곱미터(2만 4천 평)가 필요했고 총 5천 원의 자금이 있어야 했다. 김용기는 부족한 돈을 쉽게 벌기 위해 폐광이나 다름없는 광산을 인수했으나 돈만 날리고 만다. 땀 흘리지 않고 얻어지는 것이 없다는 평 생의 교훈을 얻은 것이다. 김용기 부부는 각고의 노력 끝에 9,917제곱 미터(3천 평)의 토지를 매입, 개간하는 것으로 이상촌의 첫발을 디뎠다.

식민지 기독청년의 고뇌와 비전

1938년 2월에 찍은 한 장의 사진은 식민지 기독청년의 고뇌와 비 전을 잘 보여 준다. 김용기보다 열 살 적은 평생 동지 여운혁(2014년 작 고)과 찍은 사진이다. 여운혁은 중앙선 공사장을 찾은 손님으로, 여운형 과 육촌간이다. 서울에서 공부하던 그는 요양차 고향 신원리에 내려왔 다가 김용기의 뜻에 반해 이상촌 운동에 나선 인물이다. 사진엔 이런 문 구가 새겨져 있다.

"祖國이여 安心허라"(조국이여 안심하라).

1930년대 들어 일제의 무단통치와 신사참배 강요가 노골화된 시점에 겁 없는 젊은이들이 조국 운운하며 소리 없는 아우성을 친 것이다.

이상촌 건설은 본격화됐다. "중앙에는 예배당이요, 언덕 아래는 한강 물이 유유히 흐른다.…12년 전 두 청년이 이 황무한 구릉에 찾아와 성심과 땀으로 싸워 온 것이 오늘날 피어난 이 이상적인 마을이다."(이일선 당시 서울 신일교회 목사,《봉안이상촌》중)

이상촌에선 산양 키우기, 비료와 연료 개선, 고수익 과실농사, 고구마 재배, 양봉 등을 통해 농업발전을 꾀했다. 혼식 장려, 의생활 개선, 조혼 개선, 청결 강조, 금주 금연운동, 건전오락 보급, 야학 운영, 서울 유학 권유 등 생활 전반에도 혁신을 꾀했다. 이일선 목사 등 많은 기독교 엘리트가 이상촌을 도왔다. 당시 40~60명에 이르는 신앙공동체이

■ 식민지 청년의 결의를 담아 찍은 사진에 '조국이여 안심하라'라는 글귀가 인상적이다. 신앙공동체의 주역 김용기(왼쪽)와 여운혁.

자 생활공동체였다.

　그 봉안촌의 오늘 풍경은 그저 한적한 시골마을이다. 한강이 내려다보이는 마을 좌우 산을 뚫어 터널을 만들고 터널과 터널을 잇는 공중 다리(봉안대교)가 마을 풍경을 바꿔 놓았을 뿐이다. 고속화도로가 된 6번 국도다.

　봉안교회 위 반듯한 농가주택에서 이 교회 김영구 장로를 만났다. 평생 고향 봉안을 떠난 적 없는 토박이다.

　"김용기 장로님이 제 작은할아버님입니다. 그런 선대를 둔 것은 하나님의 은혜죠. 부끄럽지 않은 후손으로 살아가고 싶습니다."

　김영구 장로는 옛 교회 자리, 일제 탄압으로부터 독립운동가들을 숨겼던 곳, 여운형 선생 회갑잔치 집터 등을 소개했다. "6·25전쟁 때 폭격으로 마을 집들 대개가 폐허가 돼 이상촌 건설 당시의 한옥 원형 건물이

■　1930년대 말 이
상촌 풍경

남아 있지 않다"고 했다.

"신사참배와 창씨개명 거부, 공출 거부 등이 이어지자 이상촌은 요시찰 지역이 됐어요. 더구나 항일독립운동 마을로 알려지면서 봉안교회에 부임하는 교역자조차 없었지요. 집사였던 작은할아버지를 장로장립해 교회를 이끌어야 했지요."

그 장로장립예배에서 김용기는 '황군장병무운'을 비는 묵도를 거부했다. 그 결과 양주경찰서에 끌려가 일주일간 모진 고문을 당했다. 생전 김용기는 "경찰서 차석은 홍상혁이란 자였는데 물 먹이기와 공중 매달기, 손톱 밑 찌르기, 손가락 사이 막대 끼워 비틀기 등을 해댔다"고 증언했다.

■ 1970년대 봉안교회 앞에서 찍은 김용기 장로의 형제들. 왼쪽부터 김용기 장로의 둘째 형 김운기 장로, 동생 김인기 장로, 김용기 장로, 큰형 김원기 영수.

1940년대 들어 이상촌에는 여운형을 비롯, 애국지사와 학병징집 거부자 등이 은신을 위해 찾아왔다. 김용기는 그들을 고구마 창고와 기도굴 등에 숨겼다. 항일투사 전사옥에게는 미치광이 흉내를 내도록 가르쳐 보호했다.

　　김영구 장로는 산자락을 가리키며 기도굴의 위치를 설명했다. 해방의 분위기가 무르익자 독립운동가, 징용징병 거부자들은 산에 숨어 필리핀에서 방송하는 맥아더의 단파방송을 들으며 그날이 오기만을 기다렸다.

■　1966년 막사이사이상 수상식에서의 김용기. 막사이사이상은 필리핀 전 대통령 라돈 막사이사이를 기리기 위해 1957년 제정되었다. 해마다 정부 공무원, 공공사업, 국제협조 증진, 지역사회 지도, 언론 문화 등 6개 부문에 수여한다.

　　그 시각 김용기는 이집트 노예생활에서 이스라엘 민족을 해방시킨 하나님이 우리 민족에게도 그 영광을 주리라는 믿음으로 봉안교회 마루에 엎드려 기도하고 또 기도했다.

김용기 장로(1909~1988)

1929년 양평 광동학교 졸업
1931~1945년 남양주에서 봉안이상촌운동
1950년 용인에덴향 개척
1954년 가나안농군학교 설립
1966년 막사이사이상 수상
1973년 인촌상 수상, 원주농군학교 설립
1988년 농민단체 농민장

아들 김평일 교장이 기억하는 '이상촌'.
"군인이 군인 노릇 잘해야 한다…부친, 박정희 대통령에게
권면"

"1961년 5·16 직후인 6월 2일 당시 국가재건회의 박정희 의장이 하남 가나
안농군학교를 방문했어요. 일행이 30여 명이었죠. 그들은 종일 머물며 잘살
기 위한 방법을 아버님께 물었어요. 여론을 들어 보니 김용기 장로를 만나 보
랬다는 거죠. 제가 제대 후 아버님 밑에서 일했기 때문에 현장에 있었어요.
아버님은 '군인이 군인 노릇 잘해야 한다'고 권면했어요."
경기도 양평 가나안농군학교에서 만난 김평일 교장은 박정희 전 대통령의
새마을운동이 가나안농군학교를 이끌던 김용기 장로로부터 영감을 받아 실
현됐다고 강조했다. 박정희는 그날 찐 고구마와 감자, 호박잼을 바른 식빵으

로 식사했다. 박정희는 "내가 생각했던 대로 선생은 많이 이루었다"며 "그런 (가나안농군학교 교육내용) 방식으로 하면 나라가 잘살 수 있을 것"이라고 했다고 한다.

"무엇을 도와 드릴까요"라는 박정희 물음에 김용기는 "안 도와주는 것이 돕는 것"이라고 답했다는 일화도 전했다.

■ 김용기 장로의 아들 김평일 가나안농군학교 교장이 아버지가 막사이사이상 수상식 때 입은 삼베옷을 보여 주고 있다.

"훈맹정음" 만들어
'맹인' 인도한 예수의 종

송암 박두성 선생과 인천 강화군 교동교회

인천 강화군 교동도 첫 교회인 교동교회 상용리 옛 예배당. 강화도 순례객의 필수 코스다. '시각장애인의 세종대왕'으로 불리는 한글 점자 창안자 박두성(朴斗星)은 이 교회에 출석했다. 집은 교회 앞이었다.

1899년 설립된 교동교회는 교동읍 내 성읍 안에 있다가 1933년 일제의 교회 탄압이 심해지면서 성읍에서 2킬로미터 떨어진 상용리로 옮겼다. 그 상용리 예배당이 지금까지 보존됐다. 2014년 7월 1일 교동대교가 개통되면서 '옛 교동교회'는 성지순례 코스로 각광받고 있다. 현재의 교동교회는 1991년 옛 예배당에서 400미터쯤 떨어진 곳에 건축한 예배당이다.

옛 교동교회 산자락에 가을이 깊었다. 하늘색 철판 지붕을 인 옛 예배당은 지붕틀 정면에 붉은 십자가가 선명하다.

이 한적한 섬의 옛 예배당에 주목하지 않을 수 없는 것은 한글점

■ 인천시 강화군 교동도 첫 교회였던 교동교회 상용리 옛 예배당. 강화도 순례객의 필수 코
스다. '시각장애인의 세종대왕'으로 불리는 한글 점자 창안자 박두성은 이 교회에 출석했다.
집은 교회 앞이었다.

자 창안자 송암(松庵) 박두성 선생의 모교회이자 생가 터이기 때문이다. 박두성은 정부와 지방자치단체가 적극 기리는 인물이다. 2017년 한글날, EBS가 "또 하나의 한글, 훈맹정음(訓盲正音)"이라는 다큐를 통해 송암을 기렸다. 2002년 당시 문화관광부는 송암을 '4월의 문화인물'로 선정했다. 앞서 정부는 1992년 송암에게 은관문화훈장을 추서했다. 송암은 일제강점기 이후 시각장애인(성서의 '맹인')들에게 '맹인의 세종대왕'으로 존경받고 있다. 송암은 강화도 출신 기독 독립운동가 이동휘(1873~1935)가 내린 호다.

옛 교동교회 입구에 지자체가 세운 관광안내판이 눈길을 끈다. 전에 볼 수 없던 팻말이다. "한글 점자 훈맹정음 창안자 송암 박두성 선생 생가 터"라는 제목으로 그의 생애와 업적을 적어 놓았다. 인천시와 중앙정부는 학익동 송암박두성기념관 확장 및 생가 터 복원 등을 위한 프로젝트를 추진 중이다.

기독 독립운동가 이동휘 제자

"능숙한 목수는 상한 나무도 버리지 않는다. 눈먼 사람들을 위하여 점자가 있으니 이것을 통해 무엇이든 읽을 수 있다." 송암 어록의 한 대목이다.

상용리는 기독교 초기 신앙을 받아들인 박씨 일가 집성촌이었다. 박두성 선대가 오위장(五衛將) 벼슬로 해안을 지킬 무렵 조난당한 토머스(1840~1866) 신교사를 구해 준 기록이 있을 정도다. 토머스 선교사는 성경 보급을 위해 조선에 왔다가 제너럴셔먼호 사건으로 순교한 인물이다.

박씨 일가는 강화·교동 지역 목회자 존스 선교사와 권신일 목사의
지도에 따라 신앙 일가를 이뤘다. 박두성은 1901년 존스 목사에게 세례
를 받았다고 그의 5촌 박은재 은퇴권사(강화중앙교회)가 밝혔다. 박 권
사는 "그분 부친이 자식교육을 위해 교동을 떠날 때 밭 2천여 제곱미터
(600평)를 교회에 바치기도 했다"며 "9남매 중 맏이였던 박두성은 죽을
때까지 신앙인으로 살며 불쌍한 맹인을 거둔 예수의 종"이라고 했다.
박 권사는 동생 박원재 은퇴목사와 함께 옛 교동교회를 관리하고 있다.

박두성은 이동휘가 세운 강화 보창학교 출신이다. 졸업 후 흉년이
들자 고생하던 식구들을 위해 교동에 들어가 농사를 지었다. 그리고 가
족 생계를 책임지기 위해 일본 오사카로 가서 가게 점원을 하며 돈을 벌
었다. 하지만 심한 눈병에 걸려 고생하다 귀국할 수밖에 없었다. 그는
이후 한성사범학교(현 경기고)에 진학, 교육을 통한 지도자가 되기로 결

■ 인천 율목동 박두
성 옛집. 박두성은 1930
년대부터 소천 때까지
이 집에서 성경 점자
작업을 했다.

심한다. 한때 만주로 가서 독립운동도 꿈꿨으나 9남매의 장남이라는 무게가 그를 주저앉혔다. 이동휘가 그를 아껴 '송암'이라는 호를 내린 것도 이 무렵이다.

그는 한성사범학교 졸업 후 일제가 세운 제생원 맹아부 훈도(교사)가 된다. 맹인과 농인을 모아 가르치던 곳으로, 근대 장애인교육의 시작이었던 셈이다. 그는 이후 어의동보통학교, 즉 맹학교에 취직했다.

"맹학교 제자들을 만나자 인생관이 180도 변했어요. 전에는 어떻게 하면 돈 벌어서 섬에 계신 부모님께 농토를 많이 사드려 잘살게 해드릴까 했죠. 그들을 만난 후 하나님 뜻이 어디 계셔서 이 사람들은 눈을 감았나, 어떻게 하면 이들을 잘살게 하고 기쁨을 줄 수 있을까를 생각하게 됐죠. 제 나이 스물여섯 살 때 일입니다."

박두성이 맹인 제자들이 마련한 회갑 축하연에서 고백한 말이다. 그는 그날 제자들 앞에서 "훌륭한 마음을 가지고 여러분께 다가간 게 아니다"라며 9남매 장남으로서의 삶의 무게 때문에 교사가 됐음을 고백했다. 그것이 더 큰 박수를 받았다. 평생 허물없이 제자들과 뜻을 모아 헌신할 수 있었던 소탈함의 단면이기도 했다.

인천 동인천역 동쪽 700미터 지점 박두성의 율목동 옛집은 인천 구도심의 한적함이 묻어난다. 40여 년째 양복점을 한다는 주인이 박두성 집을 알려 준다. 1963년 박두성이 별세한 후 '박두성 옛집' 주인이 몇 번 바뀌었지만 집 형태는 그대로다.

"한때 박두성 옛집임을 알리는 팻말이 있었다"고 동네 사람들이 얘기한다. 1970년대 무렵만 하더라도 그 옛집 골목은 좁고 초가집이 많았다고 한다. 옛집은 전형적인 기와집이었다.

2017년 11월 4일, 훈맹정음 반포 91주년

박두성은 1913년 제생원 맹아부 근무 당시 점자 제판기를 도입해 한국 최초의 점자교과서를 출판했다. 그리고 1921년 '한글3·2점식 점자'를 완성한다. 조선맹아협회를 조직한 것도 이 해였다. 오늘날 시각장애인이 쓰는 훈맹정음 반포는 1926년 11월 4일 이뤄졌다. 그가 조선어점자연구위원회를 조직해 훈맹정음을 연구한 지 3년 만이다.

그 어려운 일이 끝나자 그는 생애 두 번째 대(大)프로젝트에 나서 1931년 신약성서를 점자로 옮겼다. 이후 성경전서가 이 율목동 집에서 완성됐다. 맹인 누구나 예수 복음을 믿고 구원에 이르게 하기 위함이었다.

"아버지가 가장 중요하게 여기는 일은 성경을 점자책으로 만드는 것이었어요. 점자 성경과 찬송을 우편으로 보내고 돌려받아 또 다른 사람에게 돌려 보는 식으로 복음을 전하셨죠. 점자책이 귀한 때라 돌려

■ 박두성이 부인 김경례 권사가 읽어 주는 말씀을 제판기로 점역하는 모습(송암박두성기념관 제공)

볼 수밖에 없었죠." 박두성의 장녀 수채화가 박정희(1922~2014)의 생전 증언이다.

"6·25동란이 일어나자 아버지는 성경 점자아연판을 서울 종로5가 기독교서적센터에 옮겨 놨어요. 한데 전쟁 중 불타 없어지고 말았어요. 성경을 점자로 새기는 일은 너무나 방대했기에 부모님의 상심이 컸죠. 어릴 때부터 성경 점역 작업을 도왔던 저로서도 참 안타까운 일이었죠."

박정희는 여덟 살 때부터 아버지 옆에서 성경을 읽었다. 어린 딸이 쪽복음(권별로 분리된 손바닥만 한 성경)을 읽으면 박두성이 이를 듣고 제판기를 사용해 아연판에 철컥철컥 점자를 새겼다. 어린 소녀가 졸려 반복해 읽으면 "야, 이놈아. 어디 그게 말이 되니. 다시 읽어 보거라"라며 혼을 냈다고 한다.

1953년 무렵 박두성은 중풍으로 쓰러졌다. 하루는 기독교서적센터 임현빈 목사가 찾아와 "전쟁 통에 원판을 잃었으니 이를 어쩝니까"라고

■ 박두성은 6·25전쟁으로 불에 타 버린 성경 점자 아연판을 재제작했다. 인천 학익동 송암 박두성기념관에 전시돼 있다.

했다. 박두성은 투병 중에도 딱 한마디 했다. "다시 찍어야죠."

박두성은 반신불수 상황에서도 아내와 딸 등을 재촉해 원판 재제
작에 나섰다. 이때 합세해 일을 배운 이가 한국 첫 점역사 이경희 씨다.

인천 학익동 시각장애인복지관 내 송암박두성기념관. 재제작 끝에
완성된 성경 원판이 전시돼 있다. 그뿐만 아니라 제판기, 인쇄 롤러 등
다양한 박두성 유품이 산 역사로 남아 있다.

그중 눈에 띄는 그림 한 점. 십자가 아래 박두성이 제판기를 치고 있
고 부인 김경례 여사가 성경을 읽고 있다. 그 옆에서 갈래머리 한 소녀
가 손을 모아 기도하고 있다. 딸 박정희일 것이다. 실제 사진에 상상력
을 더해 그린 위인화였다.

1963년 8월 25일 주일 오후 율목동 박두성 자택. 6·25전쟁 때 연

■ 송암박두성기념관에 있는 박
두성 기록화와 훈맹정음 제판기

합군과 인민군의 무수한 포격 속에서도 온전했던 그 집에서 박두성은 숨을 거뒀다. 인천상륙작전 당시 포격에 집 인근이 불바다가 되었어도 그 집만은 말짱했다. 생전 박두성이 말했다. "그때 하나님이 돌보셨어."

박두성(1888~1963)

1926년 11월 4일 훈맹정음 반포
1931년 신약성서 점역
1936년 인천 영화학교 교장
1941년 성서 점자 원판 제작
1945년 시각장애인 회람지 〈촛불〉 발간
1962년 국민포상 수상
1992년 은관문화훈장 추서
2002년 4월의 문화인물(문화관광부)

❖

박두성의 지혜로운 딸 정희,
추모행사마다 참석하여 선친 신앙 증언… 점자 유품 기독문
화유산으로 남겨

박두성은 지혜로운 딸 박정희에 의해 기독 역사 인물로 남을 수 있었다. 박정
희는 생전 유족으로서 추모행사와 각종 시각장애 관련 심포지엄에 참석, 인
사말을 할 때마다 아버지의 신앙을 얘기했다. 박두성은 교동교회를 떠나와
제생원 근무 당시 서울 정동교회를 섬겼다. 독립문 인근 천연동에 살 당시 가
족들을 데리고 걸어 정동교회까지 출석했다.
박정희는 "아버지가 장로, 권사 직분을 거절하신 이유가 있어요. 아버지는 풍
습에 따라 부모 권유로 10대에 조혼하고 어쩔 수 없이 이혼했는데 그것이 직

분을 갖기에 합당치 않다고 말씀하시곤 하셨어요"라고 회고한 바 있다. 박두성은 1930년대부터 인천 내리교회를 섬겼다. 아내 김경례 권사는 여신도회장을 맡는 등 신앙적 열성을 보였다.

박정희는 아버지가 별세한 후《성경전서》등 점자 관련 아버지 유품과 신앙기록들을 보관해 오다 기념관 설립과 함께 이를 기증했다. 비싼 고물이 됐을 법한 "훈맹정음"과 점자 성경 아연판 등이 기독문화유산으로 남게 된 내력이다.

■ 박두성의 딸 박정희

하나님 영광 위해
빈들에서 땅을 일구다

기독교농촌계몽운동가 최용신과 경기 안산 샘골교회

세월호 참사 비극의 도시 경기도 안산은 예상 밖으로 조용했다. 수 년 전 이곳에 들렀을 때 가로등마다 추도 현수막이 걸려 있던 것과 사 뭇 달랐다.

서울에서 지하철 4호선을 타고 안산 상록수역에 내렸다. 1980년대 전후 이 일대는 반월공단으로 불리며 산업화와 발전의 표상이었다. 반 면 공해가 극심했고, 공장 노동자의 인권이 보장되지 않았다. 서울의 대 학생들이 위장취업을 통해 노동자들의 인권과 근로기준법 준수를 위해 대신 싸우던 시절이었다.

그 현대사의 질곡 속에서도 시민은 일상을 살아 냈다. 시장에서 콩나물을 샀고, 자전거를 타고 출근했고, 아이들을 가르쳤다. 또 주일 이면 깨끗한 옷으로 갈아입고 교회로 향했다. 공단 노동자들은 자신 의 삶이 고단했기에 자식에 대한 교육열이 남달랐다. 안산의 정체성을 한 단어로 규정짓자면 '상록수(常綠樹)'다. 일제강점기 독립운동가 심훈 (1901~1936)의 소설 《상록수》의 주인공 채영신의 실제 모델 최용신(崔容信)이 바로 이 상록수역 일대에서 농촌계몽운동을 벌였기 때문이다.

함경도 원산 루씨여자고등보통학교를 졸업하고 협성여자신학교(감신대 전신) 재학 중 YWCA 농촌사업부 파견으로 경기도 수원군 반월면 샘골(현 안산시 상록구 본오동)에서 헌신했던 크리스천 여성 최용신. 견고한 가부장제 틀 속에서 홀로 부임한 20대 기독활동가의 고단함이 어떠했으리라는 건 충분히 짐작이 간다. 더구나 조상 제사도 안 지내는 '야소교인'이라니.

상록수, 반월공단, 시화호, 세월호

최용신이 1931년 샘골강습소를 세워 가난을 물리치려 했던 안산은 이제 공업도시에서 교육도시로 탈바꿈했다. 세월호 참사를 당한 단원고 등 20여 개 고교, 한양대 등 6개 대학이 있다. 공해로 죽은 호수였던 안산 시화호는 청정한 시민쉼터가 됐다. 교육도시의 영광은 최용신 같은 선구자들이 실핏줄이 돼 한촌(閑村)에까지 예수의 이웃사랑을 펼친 결과이기도 하다. 그들은 야학당을 다니며 성경을 읽게 됐고, 어떻게 살아야 하며 왜 구원받는지를 알게 됐던 것이다.

상록수역에서 내리자 색소폰과 트럼펫 합주 "나를 사랑하신 주님" 등의 찬송이 역사(驛舍)를 감돌았다. 구부정한 노숙인과 건들대는 고등학생 등이 건성으로 들었으나 선도사들은 성심으로 그들을 내했다. "예수 믿으세요." 최용신도 그랬다.

상록수역에서 남쪽으로 500여 미터 지점에 상록수공원이 야트막한 동산에 자리한다. 1만 2천 제곱미터 면적의 동산에는 샘골교회, 최용신기념관, 최용신 묘지 등이 들어서 있다. 2007년 안산시 주도로 조성됐다. 공원은 고층아파트가 둘러쌌다. 아파트공화국의 오아시스 같다.

샘골교회와 최용신기념관(옛 샘골강습소 자리)은 최용신이 농촌계몽의 뜻을 품고 경성에서 내려온 1931년 무렵 위치다. 농촌 복음화를 위해 파견된 선교사가 그녀였다.

최용신의 열정은 미션스쿨 루씨여고보를 졸업하던 무렵 굳건해진다. 신앙 안에서 중등교육을 받은 신여성. 그에겐 문맹 퇴치를 통한 농촌계몽이 이웃사랑의 실천이라는 확고한 신념이 있었다.

■ 안산 상록수공원에 있는 최용신 관련 심훈문학기념비, 기념관, 샘골교회(왼쪽부터). 기념관은 최용신이 건립했던 샘골강습소 자리에 세워졌다. 지금은 박물관과 교육관으로 쓰인다. 강습소 종탑도 복원됐다.

■ 상록수공원 내에 설치된 최용신 활동을 형상화한 조각품 〈안김〉

1928년 4월 1일자 〈조선일보〉에는 "새봄 맞아 교문 나서는 재원
들 ─ 원산 루씨학교의 특출한 네 규수"라는 제목의 기사가 실렸는데, 이
때 최용신이 이렇게 말했다.

이제 우리는 교문을 떠나 사회에 발을 들여놓게 되었다. 우리의 전
도는 평탄하다고 할 수 없다. … 조선 여성이 반만년 동안 암흑 중
에 묻혀 … 중등교육을 받은 우리가 안락한 도시 생활만 동경하고
꿈꾸겠는가. 아니면 농촌으로 돌아가 문맹 퇴치에 노력하려는가.

이 당찬 소녀는 신학교에 들어와서도 기독활동가로서 목표를 가지
고 최선을 다한다. 1929년 3월 23~25일 경기도 고양군 숭인면 민영
찬 별장에서 열린 '조선남녀학생기독교청년회 하령회'에 협성여자신학

■ 1930년대 샘골교
회와 샘골강습소를 축
소 모형으로 복원했
다. 최용신기념관 내
에 있다.

교 대표로 참석한 것에서도 알 수 있다. 이때 주요 참석자가 윤치호, 신
흥우, 김활란, 최현배, 조만식 등 총 39명이었다. 이들의 주요 의제는
'조선 기독교의 진로', '기독교와 농민', '조선 기독학생운동' 그리고 '신
앙과 사업' 등이었다. 기독여성 지도자로서 최용신의 위상을 부분적으
로나마 보여 준다.

1931년 10월 10일, 오직 기도와 사명으로 무장된 최용신은 비산비
야(非山非野)의 가난한 농촌 샘골에 도착했다. 샘골교회(1907년 설립)가
유일한 위로였다. 그러나 최용신은 2년 9개월을 샘골에서 헌신하다 26
세 젊은 나이에 천국으로 향한다. 훗날 심훈의 소설 《상록수》(1935), 영
화 〈상록수〉(1961년, 1978년 두 차례)에서 스토리텔링되었듯 사랑으로
아이들을 가르치다 과로로 인한 병마를 이기지 못하고 생을 마감한 것
이다.

■ 1933년 1월 최용신
(앞줄 오른쪽에서 다섯 번
째)과 관계자, 학생 등
의 샘골강습소 낙성식
기념사진. 창문에 소나
무 가지를 꺾어 만든
트리와 "축 성탄"이라
는 문구가 인상적이다.

그 기간 공부와 신병 치료를 겸해 일본 고베신학교로 유학하며 학내 잡지 〈푸른 하늘〉에 기고한 최용신의 '나의 소감문'은 기독교적 가치 실현에 철저했던 그녀의 단면을 엿볼 수 있다.

이 세상 어디를 가 보아도 계급 차별이나 민족 차별, 빈부 차별로 인해 비극이 발생하고 있다. 그러나 학교 안에는 이러한 모습의 계급, 민족, 부귀, 귀천의 사상을 초월한 그리스도 예수의 사랑이 발휘되고 있는 것에 감탄하지 않을 수 없다. …사랑 없는 가정은 불행을 초래하고, 사랑 없는 민족은 멸망하게 되고, 사랑 없는 사회는 부패하며, 사랑 없는 국제 평화는 성립되지 않는다.

하지만 최용신은 고베신학교에서 6개월여밖에 머물지 못했다. 병세가 위중해졌기 때문이다. 그는 고향 원산으로 돌아가지 않고 샘골강습소 아이들과 그곳 농민들 품에 안겼다. "내가 죽으면 샘골에 묻어 주오."

"예수사랑 없는 가정·사회·민족은 멸망"

그의 희생과 헌신이 알려진 것은 1935년 1월 27일 독립운동가 여운형이 운영하던 〈조선중앙일보〉를 통해서다. "천곡(泉谷, 샘골의 일본식 이름)학술강습소를 설립하고 농촌 부녀들의 문맹 퇴치와 무산아동 교육에 많은 파란을 겪으며 노력 중이던바, 불행하게도 장중첩증에 걸리어 신음하다가… 영원한 세상으로 돌아가고 말았다."

뒤이어 5월 잡지 〈신가정〉이 8쪽 르포 기사로 그녀의 삶을 전하는데, 그 기사 작성자가 심훈으로 파악된다. 기독교인 심훈은 더 나아가 이

■ 박용덕 부친 박경춘이 세운 둔대케노시스교회(당시 둔대교회)

해 5~6월 고향 충남 당진 집에서 최용신을 모델로 한 소설 《상록수》를 탈고한다. 심훈의 장질(長姪) 심재영이 당진에서 농촌계몽활동을 했던 터라 소설의 주인공 채영신이 사랑한 인물로 끌어냈다.

이후 최용신의 스승 김교신(1901~1945, 기독교 사상가)이 제자 유달영(1911~2004, 기독농촌운동가)으로 하여금 평전 《최용신 소전》(1939)을 출판케 함으로써 비로소 역사화되기 시작했다. 그리고 최용신은 1995년 8월 15일 국가독립유공자로 건국훈장 애족장에 추서됐다.

최용신은 하나님의 영광을 위해 빈들에서 땅을 일궜다. 부유한 집안의 인텔리 여성이 출세하고자 했으면 결코 샘골 같은 곳에 들어가지 않았을 것이다. 그는 자신의 이름을 드러내려 하지 않았다. 다만 하나님의 일꾼들을 통해 상징적으로 드러났을 뿐이다.

그녀를 도왔던 협성여자신학교 동창 김노득(1903~1968), 지역 유지로 샘골강습소 부지를 선뜻 내주었던 박용덕은 수많은 믿음의 형제를 둔 천사들이었다. 2004년에는 최용신의 제자였던 고 홍석필 옹이 강습소를 다시 만들어 달라며 1억 5천만 원을 안산시에 전달, 최용신기념관 설립 기금이 됐다.

'어리석은 변론과 족보 이야기'(딛 3:9)는 다툼을 낳는다. 요즘 한국 교회는 자신들의 영광을 드러내기 위한 선대의 변론과 족보 만들기에 과도한 힘을 쏟는다. 따라서 없는 사실을 변론하려니 신화가 되고 만다. 신앙인의 족보는 피가 아니다. 최용신은 후대가 없다. 다만 뒤따르고 싶은 발자취가 있다. 새벽기도를 하던 샘골교회, 학생 모집을 위해 다녔던 군포 둔대케노시스교회 그리고 당진 심훈의 필경사와 상록수교회를 돌아보며 '말씀'이 흐르는 곳이 족보임을 새삼 느끼게 된다.

최용신(1909~1935)

1928년 감리교 협성여신학교 입학
1931년 YWCA 농촌사업부에서 최용신을
　　수원 샘골로 파견, 새 학원건립운동을 전개
1934년 일본 고베신학교 사회사업학과에 입학.
　　심한 각기병으로 반 년 만에 귀향
1964년 한국여성단체협의회에서
　　최용신의 업적을 기려 용신봉사상 제정

최용신기념관 문화관광해설사 손경숙,
"기독교에 대한 이해 없이 최용신 알 수 없어요"

"사랑이었어요. 사랑. 그리고 기도였어요."
최용신기념관 문화관광해설사 손경숙(화성 진토리교회) 씨는 일반 관광객들에
겐 선뜻 전하지 못한다며 이같이 말했다. 최용신의 삶에 관한 자료와 저술, 후
대의 구술 등에 일관되게 나타나는 것이 이웃을 향한 어머니와 같은 배려, 헌
신이더라는 것이다. 특히 제자들에게 쏟은 정성은 늘 자기 몸을 돌보지 않는
희생이 앞서 있었다고 했다.
"크리스천들이 오시면 사랑과 기도를 금방 이해하시더라고요. 최용신 선생
님이 여기 올 때 20대 여성이었잖아요. 순사들에게 받았을 조롱과 남성 중심
사회의 틀과 싸우느라 얼마나 힘들었겠어요. 그는 늘 새벽기도로 이겨 냈어

요. 기독교에 대한 이해 없이 최용신을 알 수 없어요."

손 씨는 대학에서 관광학을 전공했다. 그는 기념관 내에 전시된 당시 샘골교회와 샘골강습소 디오라마를 가리키며 "한국 교회가 '믿음의 선대' 역사 현장을 복원하는 데 힘썼으면 좋겠다"고 덧붙였다.

■ 충남 당진시에 있는 필경사. 작가 심훈의 집필실이었던 이곳은 소설 《상록수》의 산실이다.

"목사 되려 했던 사람,
독립운동 건국 준비하느라
그대로 떠나고 말았다"

독립운동가 여운형과 경기 양평 생가

경기도 안산시 상록수공원 내 최용신기념관 일대를 순례했다. 스물여섯 나이에 하나님만 바라보다 지병이 악화돼 숨진 근대 기독교 선각자 최용신. 그가 샘골교회를 중심으로 농촌계몽운동을 펼치던 1930년대 안산 샘골은 바다가 가까운 벽촌이었다. 수원에 도착해 3·1운동의 장터 화성·발안을 지나 신작로 흙길을 따라 한참을 가야 했다. 그런데 이 벽촌에서 샘골강습소를 세워 성경을 읽도록 가르쳤던 최용신이 어떻게 세상에 알려질 수 있었을까?

함경도 원산 미션스쿨 루씨여자고등보통학교와 서울 협성여자신학교를 졸업한 최용신은 재학중 YWCA 농촌사업부 파견으로 당시 수원군 반월면 샘골에 부임해 강습소를 세웠다. 그리고 2년 9개월 만에 제자들이 지켜보는 가운데 천국으로 향했다.

당시 〈조선중앙일보〉가 최용신의 부고를 세 차례에 걸쳐 연재했다. 이 기사는 이 신문 학예부장을 역임하고 충남 당진에 낙향해 집필에 몰두하던 심훈(독립운동가)이 프리랜서 기자로 작성했다는 것이 정설이다. 보도 직후 최용신을 주인공으로 한 소설 《상록수》 집필이 본격화됐기 때문이다.

당시 〈조선중앙일보〉 사장은 몽양(夢陽) 여운형(呂運亨)이었다. 1936년 심훈이 《상록수》 출판을 앞두고 장티푸스로 죽자 몽양은 그의 장례식에 참석해 심훈의 시 〈조선의 남아여〉를 읊을 만큼 심훈의 죽음을 애석해했다.

몽양은 배재학당과 평양신학교를 다녔고 서울 승동교회 조사(전도사) 그리고 YMCA 활동에 열심이었다. 여운형이 김규식(1881~1950) 등 기독교 리더들과 함께하며 최용신 이야기를 들었고, 기독 언론인이자 작가인 심훈에게 취재 지시를 했다는 것이다.

독립운동가 몽양 여운형. 그는 해방정국에서 좌우합작을 이끈 정치가이기도 하다. 동시에 분단 상황에서 독재정권 또는 보수정권의 입지가 강화됐을 때 공산주의자로 내몰린 비운의 인물이기도 하다. 그는 1947년 7월 19일 서울 혜화동로터리에서 괴한의 총격에 유명을 달리한다. 대낮에도 테러가 난무하던 시대, 중도파 민족주의자의 최후였다.

언더우드 소개장으로 중국 유학

1914년, 몽양은 중국 난징 금릉대학에 입학하기 전 언더우드 선교사에게 금릉대학 신학부에 입학하겠다며 소개장을 써달라고 한다. 1911년 평양신학교에 입학해 수료한 상태였다. 이때 언더우드가 의미 있는 말을 한다.

"그대 같은 이가 신학을 끝까지 공부할 것 같지 않다. 조선의 훌륭한 청년은 대개 정치사상에 관심이 많다. 나는 이런 것을 김규식에게서 발견했다. 그대도 반드시 정치운동으로 나아갈 것이다."

한국 교계는 여운형이 신학을 하고 기독교 사상을 바탕으로 살아온 인물이라는 걸 잘 알지 못한다.

몽양은 1920년대 상하이, 동북만주, 시베리아, 모스크바 등을 돌며 조선 독립을 역설하고 다녔다. 일경(日警)은 이런 그를 치안유지법 위반으로 구속했다.

"당신은 마르크스 유물사관을 어떻게 생각하는가?"

"유물론을 읽지 않았소. 나는 기독교 신앙인으로, 하나님이란 관념이 뇌리에서 떠나지 않소. 유물론이 유일한 것이라고는 생각지 않소."

1930년 6월 경성복심법원 형사부 재판기록에 나타난 몽양과 재판장의 일문일답이다.

앞서 몽양은 삶의 '내력'을 진술하라는 재판관에게 이렇게 말했다. "내가 교인이 된 것은 평양 장로파 목사 클라크(1878~1961, 한국 이름 곽안련)가 권유해서였소. 경성 승동예배당 전도사로 있으면서 평양신학

■ 양평 여운형 역사길

125

교에서 2년 과정을 마쳤고, 1914년 가을에 신학 연구차 금릉대학에 입학하였소…."

주일 오후, 서울 청량리역에서 탑승한 경의중앙선 전철은 한강을 오른쪽으로 끼고 몽양의 생가가 있는 양평 신원역까지 내달렸다. 생가는 역에서 1킬로미터 남짓이었다.

신원역은 몽양이 수시로 경성으로 향하던 '신문물'을 향한 통로였다. 승동교회 클라크 선교사는 몽양이 세운 사립 미션스쿨 광동학교에서 예배를 인도하고 신식 학문을 가르쳤다. 몽양이 클라크와 언더우드 선교사 등을 만날 수 있었던 것은 14세 무렵 친척 아저씨 여병현 때문이다. 미국 유학을 다녀온 여병현은 배재학당에서 영어 교편을 잡았고, 몽양은 그를 통해 배재학당과 아펜젤러 선교사 사택을 구경할 수 있었

■ 경기도 남양주 봉안 마을에 있는 김용기 장로의 생가. 일경에 쫓기던 여운형의 피난처이기도 했다. 1980년대 사진으로 추정된다.

다. 문화충격이었다.

그때 성경을 처음 접한 몽양은 배재학당에 진학하겠다고 아버지 여정현에게 말했다. 하지만 완고한 조선시대 양반 여정현은 호되게 혼을 냈다. 몽양은 1900년 배재학당에 진학한다.

이듬해 어느 월요일 학교 조회에서 "주일 예배에 참석하지 않은 학생은 손 들라"는 교사들의 질책에 몽양이 손을 들었다. 유일했다. 그를 비롯한 학생 대개가 전날 남산에 가서 운동을 하며 놀았던 것이다. 혼자만 고백했으니 유일하게 벌을 받았다. 실토한 사람에게만 벌을 주는 데 욱한 몽양은 민영환이 세운 흥화학교로 전학했다. 몽양의 기질을 엿볼 수 있는 대목이다.

■ 1913년 8월 1일 여름 사경회 사진. 서울 승동교회로 추측된다. 앞줄 맨 오른쪽이 여운형, 두 번째가 독립운동가 이상재 선생이다. 맨 왼쪽은 여운형의 동생이자 정치가인 여운홍.

몽양은 1903~1906년 들어 아내, 조부, 모친, 부친을 연달아 잃는 슬픔에 처한다. 이때 신앙에 더 깊이 의지하게 된다.

이 무렵 그는 상동교회 전덕기 목사 말씀에 감동받아 동생 여운홍(정치가)과 상동교회에서 살다시피 했다. 전 목사의 애국 강연에는 이동녕, 이상재, 이승훈, 이회영, 이시영, 주시경, 안창호 등 기독청년·기독 지도자들이 구름같이 몰렸다. 한편 몽양은 여운홍이 미션스쿨 경신학교에 입학하자 승동교회 조사를 하며 학비를 댄다.

서울 승동교회 전도사 여운형

전 목사 등으로부터 민족의 현실에 눈뜬 열혈청년 몽양은 고향 신원리 묘꼴에 예배당을 겸한 광동학교를 설립(1907)한다. 물론 클라크 선교사의 도움을 받아서다. 가나안농군학교 운동을 벌였던 막사이사이상 수상자 김용기 장로가 광동학교 출신이다.

"광동학교는 내가 열네 살 되던 해 입학했습니다. 여운형 선생의 뜻에 따라 기독교 애국정신을 가르치는 학교였어요. 성경과 산술, 지리, 역사, 체육 등을 4년 동안 배웠습니다."

김 장로는 생전 증언을 통해 "아버지가 '네가 장차 훌륭하게 되려거든 몽양 선생을 따라 배워라'는 말씀에 따라 몽양을 섬겼다"고 했다. 일제강점기 기독교 애국계몽운동 지도자들은 기독교 사상 안에서 이렇게 성장했다.

한때 목회자가 되려 했던 몽양은 정치가로 질주했다. 클라크 선교사가 "복음을 위하여, 또 당신 자신을 위하여 교회 일에 전념해 줄 것"을 간청했으나 속 깊이 받아들이지 않았다. 몽양과 함께 독립운동을 했던 시인 이기형(1917~2013)은《몽양 여운형》에서 그 이유를 "꺼져 가는 나라의 운명을 먼저 구해야겠다는 일념이 컸다"고 밝히고 있다.

김용기도 일경의 감시를 피해 자신이 건설한 남양주 '봉안이상촌'으로 피신한 몽양에게 신앙생활을 열심히 하십사 권고했다고 한다. 그는 "독립운동과 건국을 준비하느라 목사가 되고자 했던 사람이 그대로 떠나고(피살) 말았다"고 회고한 바 있다.

몽양이 복음과 애국이란 두 가치를 실현하고자 했던 광동학교는 현재 표석 하나로 남았다. 몽양의 생가와 기념관은 국가와 지방자치단체의 지원으로 반듯하다. 이기형이 1983년 방문했을 때만 해도 집터만 남은 폐허였다. 기념관 마당 앞에 "광동학교 터"라고 새겨진 비석이 풀숲에 서 있다.

■ 광동학교 터 표지석

■ 여운형 생가 입구 기념공원

■ 경기도 양평 몽양 여운형 생
가에 전시된 밀랍인형. 당시 사진
(위 부분)을 재현했다. 근대 기독
애국계몽운동가였던 몽양 여운형
은 집안의 노비를 해방시키고 조
상 신주와 사당을 없앴다.

구한말과 일제강점기. 우리 역사는 수많은 기독 애국지사를 배출했다. 그러나 그 기독교 애국지사들에 대한 근대기독교 역사 관점에서 바라보는 학술연구 자료의 빈곤을 몽양 기념관에서 새삼 느낀다. 기독교 역사학자의 몫이다. '목회자가 아니라 정치가가 될 것'이라던 언더우드의 말은 맞았다. 그러나 몽양은 기독교 가치로 산 사람이라는 것을 현장에서 분명하게 느낄 수 있었다.

몽양 여운형(1886~1947)

1917년 평안도 선천 장로교총회 참석
1918년 신한청년단 조직, 광복운동
1919년 김규식·여운홍을 파리강화회의에 파견
1922년 독립촉진회 조직
1930~32년 투옥
1934년 조선체육회장
1936년 일장기 말살 사건, 〈조선중앙일보〉 폐간
1942년 재차 투옥
1945년 건국준비위 조직
1946년 좌우합작위 구성

기독교 사상 지닌 '중도파 비극'… 여운형과 김규식

역사학자 신복룡 건국대 석좌교수는 여운형과 김규식을 '기독교 사상을 지닌 중도파의 비극'이라고 표현했다. 두 사람은 1922년 극동피압박민족회의에서 만났다.

이들은 신생국가 건설 과정에서 나타난 진보와 보수의 갈림길에서 성서의 '이웃 사랑'이라는 인식이 남달랐던 탓에 좌우 진영로부터 협공을 당하는 정치인이 됐다. 여운형은 신앙을 가진 후 집안 노비들을 해방시켰고, 불평등을 심화시킨다며 신주와 사당을 없앴다. 김규식은 고아원에 맡겨진 아이였다.

언더우드가 소년 김규식을 입양해 미국 유학을 보냈다. 늘 거절을 못했다. 장로가 아주 어울릴 인품이었다.

그들은 어느 한편에 서서 정적을 제거하지 못했다. 그럼에도 당시 우익 지도자 지지도 조사에서는 이승만, 김구, 김규식, 여운형 순이었다. 네 사람 모두 신앙 안에서 성장한 인물들이나 두 사람은 극단의 선택을 할 수 있는 성품이 아니었다.

■ 목사가 되고자 했던 여운형(왼쪽)과 언더우드 선교사의 양자 김규식

강원
충청
지역

"나는 하나님께
얼마나 많은 기도를 했는지요"

화가 박수근 아내 김복순 전도사와 강원 양구 박수근미술관

서울 동평화시장 북쪽, 즉 창신동 문구완구시장 즈음에 고딕 양식의 멋진 석조교회가 위풍당당하다. 예장통합 측 동신교회다. 주일이면 5부 예배까지 이어지는 규모 있는 회당이다. 1956년 6·25전쟁 피난민 등이 중심이 되어 설립했다.

그 피난민 가운데는 '인간의 선함과 진실함을 그린 한국의 대표 화가'로 불리는 박수근(朴壽根) 화백 부부가 있었다. 박완서 소설《나목(裸木)》에는 전쟁 직후 미8군 PX(현 서울 신세계백화점 본점)에서 먹고살기 위해 미군 초상화를 그려줘야 했던 박수근의 삶이 드러나 있다. 박완서는 당시 이 PX에서 화가들의 영어 통역을 하며 가난의 시대를 이겨 냈다.《나목》은 그의 등단작이다.

《나목》에서 남자 주인공 옥희도의 부인이 박수근의 부인 김복순 (1922~1979) 전도사를 연상케 하는 대목이 자주 등장한다. 여주인공 이경은 성서 속의 지혜롭고 품위 있는 여인 브리스길라와 같은 그녀에게 호감을 느끼는 것에 스스로 화가 나곤 한다. 박수근 김복순 부부는 브리스길라와 아굴라 같은 신앙인의 자세로 살았다. 김복순은 남편이 죽고 서울 중곡동교회 사역자가 됐으나 전도 중에 별세했다. 서울 영락교회 한경직 목사의 동생 한승직 목사가 시무하던 때였다.

김복순은 강원도 금성군의 부잣집 딸로 태어나 춘천여고를 나온 신여성이다. 그런데도 양구보통학교가 학력의 전부인 '환쟁이 박수근'과 집안 반대를 무릅쓰고 결혼했다. 김복순은 늘 천국의 모델, '아름다운 가정'을 꾸리고 싶다고 기도했다.

■ 서울 동신교회

가난한 환쟁이와 부잣집 신여성의 결혼

강원도 양구군 양구읍 박수근미술관. 국민화가 박수근을 기리는 기념관, 전시관, 창작스튜디오 등이 캠퍼스를 연상케 한다. 수도권에 있었으면 사람들 발길이 끊이지 않을 아름다운 미술관이다.

박수근기념전시관 뒤편 숲길을 따라 오르자 박수근·김복순 부부의 묘가 평화롭게 자리했다. 원래 박수근 묘는 동신교회 교회묘지인 경기도 포천 동산에 있었다. 6·25전쟁 통에 피난민이 됐던 부부는 북강원도 금성감리교회를 떠나 동대문 밖 창신동에 자리 잡았고 이 교회에 출석했다.

■ 강원도 양구 박수근미술관에 전시된 현대작가 조덕현의 회화설치 작품. 서울 창신동 집 마루에서 박수근이 아내 김복순과 아들을 바라보고 있는 사진을 모티브 삼았다.

■ 박수근미술관 제2전시실 박수근파빌리온

■ 위세복의 〈길(Road)〉. 박수근의 삶과 그가 걸어온 길을 선(線)의 궤적들로 표현했다.

■ 미술관 내 박수근·김복순 묘. 비석 왼쪽에 '서민화가 박수근 기념비'가 세워져 있다.

"나는 하나님께 얼마나 많은 기도를 했는지요"라는 편지로 사랑을 구했던 박수근. 그는 김복순에게 '그림과 가족, 기도밖에 모르던 순박한 사람'이었고 김복순은 그 성품에 반해 결혼했다. 박수근은 가난 때문에 10대 후반 고향 양구에서 떠밀려 금성에 살았다. 그때 빨래터에서 김복순을 보았다. 그의 유작 〈빨래터〉는 국내 경매에서 45억 2천만 원을 기록했다.

박수근은 늘 가난했다. 김복순은 가난하면 가난한 대로 맞춰 살았다. 사후에야 유작전이 열리는 등 새롭게 평가됐고 국민화가가 됐으나 생전 집 한 칸 마련도 쉽지 않았다.

이들 부부의 묘지엔 '아기 업은 여인 묘화비'와 '전도사 김복순' 묘비가 나란히 서 있다. 묘화비는 1978년 동신교회 포천 동산에 세웠던 것을 미술관 건립(2004년)과 함께 이전했다.

양구는 접경 지역이다. 금성은 양구와 지척인데도 휴전선이 가로막

■ 박수근이 아내 김복순
에게 쓴 사랑 고백 노트

혀 갈 수 없다. '서민 화가'로도 불리는 박수근에 대해 미술평론가들은 형식적 특징, 즉 유화의 두터운 마티에르 같은 경향을 얘기하곤 한다. 하지만 박수근은 "나는 인간의 선함과 진실함을 그려야 한다는, 예술에 대한 평범한 견해를 갖고 있다"고 말하곤 했다. 미술평론가들이 부부의 신앙적 배경과 믿음에 대한 이해를 평론에 반영하기 쉽지 않았을 것이다.

선함과 진실함에 대한 예술적 견해. 이는 박수근이 열두 살 무렵 밀레의 〈만종〉을 보고 너무 좋아 어쩔 줄 모른 데서 시작됐다. 그는 "'하나님, 저도 이다음에 커서 밀레와 같은 훌륭한 화가가 되게 해주세요'라고 기도했다"는 꿈을 훗날 김복순에게 고백했다. 온순한 주일학교 학생 박수근은 보통학교에서 도화(圖畵) 과목이 빼어났다.

두 사람은 금성감리교회 교우이기도 했다. 하지만 서로 잘 알진 못했다. 박수근의 아버지는 아내를 병으로 잃고 금성으로 와 시계포를 차려 생계를 이어갔다. 박수근은 일본으로 미술 유학을 꿈꿨으나 가세가 기울어 포기하고 조선미술전람회에서 입선한 뒤 환쟁이로 살았다. 그의 금성 집 이웃이 김복순 집이었다. 김복순이 "하루 세끼 조 죽을 끓여 먹어도 좋으니 예수님 믿고 깨끗하게 사는 집으로 시집가게 해주세요"라고 기도하던 때였다.

김복순, 남편 박수근 피난시키고 대탈출에 성공

김복순의 아버지는 춘천의 병원장 집과 딸의 혼사를 서둘렀다. 김복순을 마음에 두고 있던 박수근은 그 소식을 듣고 드러누웠다. 김복순 또한 신앙 좋은 청년 박수근에게 마음이 끌렸다. 두 사람은 금성감리교회에서 한사연 목사 주례로 예식을 치렀고, 내금강으로 신혼여행을 떠났다.

김복순은 일곱 살에 어머니를 잃고 계모와 엄한 아버지 밑에 자라 늘 사랑에 굶주려 있었다. "남편이라기보다 어머니 같고 오빠와도 같은 분으로, 존경하는 염(念)을 갖게 하는 분이었다"는 기록을 남겼다. 그만큼 부부는 신앙 안에서 행복했다.

그러나 6·25전쟁이 발발하면서 그들은 학살 대상이 됐다. 38선 이북 금성군 민주당 당수였던 한사연 목사를 도왔으니 목숨을 부지하기 어려웠다. 김복순은 남편을 피난시켰고 자신은 내무서에 연행됐다. "당신 남편이 국군 앞잡이로 포스터를 그렸다"며 내무서원들이 온갖 고문을 했다. 김복순은 두어 차례 수모를 견뎠다. 두 살배기 아기를 이때 잃었다. 한사연 목사는 두 아들과 함께 총살당했다.

■ 박수근 내외의 결혼예배 사진(1940년, 강원도 금성감리교회)

박수근이 월남한 후 김복순은 시동생에게 "나는 이미 죽을 각오를 했소. 남편 찾다가 죽으면 죽고 다행히 하나님이 도와주시면 살 수 있을지도 모르니 떠납시다"라며 여덟 살, 네 살 두 자녀를 데리고 탈출을 시도했다. 그리고 남대천을 건너 미군을 만날 수 있었다. 미군은 김복순에게 중공군 주둔 지역을 심문했는데, 그녀가 지도를 가리키며 알려 주자 되레 간첩 아니냐며 의심했다.

　　김복순은 "여학교 다닐 때 지도 보는 법을 배웠다"고 하고는 "나는 예수 믿는 크리스천"이라고 고백했다. 미군은 친절히 안내했고 그녀는 춘천피난민임시대피소, 안양대피소 등으로 후송됐다. 그때 남편은 창신동 남동생 집에서 매일 울며 아내와 가족의 생사를 수소문하고 있었다. 안양대피소에서 천신만고 끝에 한강철교를 건넌 김복순은 창신동에서

　■　가난한 화가는 서울 창신동 집 마루를 작업실 삼았다.

남편을 만날 수 있었다. "성남 아버지(남편)가 그 자리에 서고, 나도 그이를 보니 자리에 선 채로 손발이 움직여지지 않았다"고 회고한 바 있다.

김복순 일기를 보면 처음과 끝이 기도였다. 그녀는 자신을 위해 삼계탕을 끓여 주겠다고 하고선 정작 닭 한 마리조차 못 잡는 남편, 전쟁 후 가난 속에서도 사랑으로 살아가는 이웃을 위해 헌신하며 살았다. 그 애잔한 삶의 풍경을 박수근은 작품으로 표현했다. 밀레의 〈만종〉 속 부부의 모습은 그들 자신이었다.

박수근 화백(1914~1965)

1932년 제11회 조선미술전람회 입선
1952년 월남하여 작품 활동을 계속
1959년 제8회 국전 추천작가
1962년 제11회 국전 심사위원
2002년 문화관광부 선정 '5월의 문화인물'

김복순 전도사 (1922~1979)

"기도로 깰지어다"…
기도원운동 불붙이다

전도사 전진과 강원 철원 대한수도원

1980년대 초 서울에서 강원도 철원을 향하는 길은 비포장 신작로였다. 군에 입대한 형을 찾아 그 길을 지났다. 지금의 경기도 포천시 일동면과 이동면을 지나는 도로였다. 당시 큰아들 첫 면회 간 어머니의 한숨과 눈물이 잊히지 않는다. 그때 신병이었던 형은 군인교회에서 위로를받았노라 했다. 형의 손등은 동상에 걸려 거북등 갈라지듯 했고 볼 또한동상 초기인 듯했다. 휑한 강원도 겨울 산골. 시멘트 블록 담 너머 군부대 교회 십자가가 유난히 눈에 들어왔다. 슬펐다.

그 철원은 여전히 군사도시였다. 다만 차량은 한적한데 도로는 엄청나게 넓고 직선화돼 있었다. 철원 대한수도원을 찾아 나선 길이었다. 대한수도원은 '한국 개신교 최초의 수도원'이라 불리는 곳이다. 이 수도원(修禱院)은 한자 이름에 '길 도(道)' 자를 쓰지 않고 '빌 도(禱)' 자를 쓴다. 일정한 규율 아래 공동 생활하는 곳이 아니라 기도처이기 때문이다.

■ 한국 기독교 기도원운동의 효시 강원도 철원군 대한수도원 석조예배당. 1959년 완공된 이 예배당은 수도원 상징 건물로, 한탄강 돌을 져다 지었다. 돌을 가장 많이 져다 날랐던 소아마비 장애인 '뛰뛰할아버지'는 옥양목 두루마기를 선물로 받고 덩실덩실 춤을 추었다고 한다.

대한수도원 정문에 섰다. 여름 폭우 때문인지 풀 냄새가 코끝을 스친다. 소나무, 돌담, 십자가의 풍경 그리고 물소리, 새소리, 바람 소리가 순례자의 마음을 차분하게 한다. 수도원 내 십자가가 있는 돌담 교회로 다가갈수록 맑은 찬양이 화음을 이룬다. 적요(寂寥) 속에 임재를 느낀다.

결혼 실패와 중생체험 그리고 기도원운동

한국 기독교 전래 이래 성직의 중심은 남성이었다. 여성 성직자는 목사 안수를 받을 수 없었다. 지금도 보수교단은 여전히 목사 안수를 하지 않는다. 구한말과 일제강점기. 당시 예수를 믿는다는 것은 고난을 자초하는 것이었다. 조상의 제사를 받들지 않는 야소교는 배척과 멸시의 대상이었다. 그들의 지도자는 수괴(首魁)나 다름없었다. 더구나 여성이 성직자일 경우 대중으로부터 정신병자 취급을 받기 일쑤였다.

기도원운동의 효시를 이룬 대한수도원 원장 전진(田眞) 전도사는 바로 그러한 시대에 '오직 예수'만 바라보고 세상 멸시를 두려워하지 않은 기독교 초기 영성운동가다. 영성운동의 거목 박형룡(1897~1978)·유재헌(1905~1951) 목사와 함께 기도를 통한 심령구원을 이루려 했던 여사제 드보라와 같은 여인이었다.

"깰지어다 깰지어다 드보라여 깰지어다 깰지어다 너는 노래할지어다 일어날지어다…"(삿 5:12)라는 말씀처럼 기도와 찬양으로 잠든 영혼들을 깨우려 했던 이가 전진 전도사다. 드보라가 이스라엘의 어머니로 불렸다면 전진은 6·25전쟁 직후 죽음과 가난, 이데올로기로부터 깊은 상처를 받고 헤매는 이들의 '기도 어머니'였다. 한국 현대 기독교의 내로라하는 중진 목회자 가운데 전진 전도사로부터 중보기도와 신앙훈련을 받지 않은 이가 드물 만큼 영적 은사가 대단했다. 특히 가부장제의 희생자 여성에게 그의 영적 각성 메시지는 강력하고 뜨거웠다.

전진은 충남 논산시 양촌면에서 전희균 목사의 딸로 태어났다. 전희균은 미션스쿨인 공주 영명학교와 서울 배재학당 및 협성신학교(현 감신대)를 졸업하고 함경도 원산중앙교회를 중심으로 목회했다. 그 때문에 전진은 원산 루씨여학교와 협성신학교를 마칠 수 있었다.

"루씨여학교 시절 금강산에 수학여행 갔을 때였다. 신계사라는 절에서 어떤 목사가 수양하는 것을 보고 명산 금강산에 수양관이 없다는 것을 이해할 수 없었다. 이런 곳에서 누군가 산기도 운동을 하면 나라도 잘 도와야겠다고 생각하곤 했다."(전진 구술)

그렇게 신앙적 성숙을 이어가던 전진은 서울 이태원감리교회, 논산제일교회 등에서 전도사 생활을 했다. 한데 1943년 무렵 일본군이 조선 여성을 위안부로 삼으려 하자 서둘러 결혼했다. 신사참배 강요와 '테이신타이'(정신대) 압박은 '하나님과 결혼'하고자 했던 그의 계획을 어긋

■ 27세 무렵 금강산 총석정에서 오빠 내외와 함께한 전진 전도사(가운데)

나게 했다.

그는 전처소생의 남매와 살고 있던 30대 후반 남자와 결혼하게 된다. 하지만 "예수를 열심히 믿겠다"고 했던 남편은 약속을 지키지 않고 술 등에 빠져 지냈다. 전진은 무능한 남편 얘기를 부모에게 꺼내지도 못하고 떨어진 벼이삭을 주워 끼니를 해결해야 했다. 룻과 같은 신세였다. 부부 사이에 난 아들을 땅바닥에 내동댕이치는 등 이유 없이 행해지는 남편의 가정폭력에 시달리기까지 했다. "괴롬과 죄만 있는 이 세상…" 찬송을 부르며 이를 극복하려 했던 그는 "출생일마저도 저주할 만큼 삶 자체를 부정하고 싶었다"고 적었다. 그런 남편은 해방 직후 가출한 뒤 행방불명됐다. 전진은 남편을 전도 못한 죄책감에 시달려야 했다. 이러한 '결혼 고난'은 훗날 대한수도원을 찾아온 여성들에게 상담치유자 역할을 하는 은사가 된다.

전진은 해방 후 아버지가 한때 시무했던 원산중앙교회 전도사가 됐다. 거기서 전밀라(全密羅, 1908~1985, 한국 최초 여성 목사) 전도사와 심방을 다녔다.

1946년 3월 중순. 유재헌 목사는 금강산 장전교회 부흥회를 인도한 후 원산중앙교회에서 초교파 부흥회를 갖게 된다. 해방 후 첫 원산부흥집회였던 터라 만주 등에 흩어졌던 교계 지도자 등을 비롯해 원산 지역교인이 총동원됐다. 유 목사의 빼어난 영적 인도에 사람들이 구름처럼 몰렸다. 전진은 이 자리에서 중생(重生) 체험을 하게 된다. 회심이었다. 그리고 유재헌, 박경룡, 이성해(당시 집사) 목사 등이 추진하던 수도원 (기도원)운동에 동참하기로 결심하게 된다. 전진은 그들이 추진하던 철원 순담계곡 수도원 건립 선발대로 나섰다.

박경룡 목사는 회고록에서 "어수선한 정국과 핍박당하는 한민족, 일제의 잔학무도함 등으로 기독교인의 기도운동이 필요하다고 생각했다"
고 밝혔다. 박 목사는 1940년대 철원 장흥리교회(현 장흥교회)에서 목회
하면서 순담계곡의 비경이 금강산 못지않다고 보고 한반도 중앙과 다름
없는 그곳에서 성령운동의 불이 일어야 된다고 판단했다. 그리고 1945
년 10월 장흥교회 교인 등과 함께 대한기도원 기도실을 짓고 설립예배
를 드림으로써 우리나라 첫 기도원이 탄생하게 됐다.

이 무렵 박경룡 목사는 남한으로, 유재헌 목사와 이성해 집사는 북

■ 지금의 철원군청 부근(지포리)에서 수도원까지
4킬로미터 거리에는 교통편이 없었다. 지포리에서
수도원으로 출발하려는 교인들.

■ 대한수도원 초대 원장 유재헌
목사(위)와 설립자 박경룡 목사. 유
목사는 납북됐다.

한으로 기도원 건축을 위한 순회집회를 떠난다. 그 과정에서 동역자 전진을 얻게 된 것이다.

"부흥회를 통해 정성이 담긴 기도원 설립 기금이 모였다. 유 목사는 금강산 석왕사 옆에서 부흥회를 계속했다. 그 자리에선 놀라운 역사가 일어났다. 신학을 전공한 나도 눈에 보이는 일만 믿었던 터에 앉은뱅이가 일어나고 소경이 눈뜨는 것이다. 하나님의 역사하심을 목도한 것이다. 도마와 같은 믿음을 버렸다.…유 목사는 철원의 청년들이 대한수도원 동산을 지키며 우리가 오기만 기다린다며 내게 교인들이 모아 준 돈을 운반케 했다. 돈을 허리띠에 넣고, 니쿠사쿠(배낭)에는 복음성가를 넣고 길을 나섰다. 여자이기에 검문검색이 덜했다."(당시 남한으로의 정치자금 이동이 많아 검문이 심했다. 《전진 회고록》 중)

■ 전진 전도사가 생활했던 예배당 옆 사택

"한국 영성운동사의 북방 영맥 대한수도원"

이덕주 감신대 교수는 이렇게 시작된 대한수도원을 두고 "한국 교회 영성운동사의 북방 영맥"이라고 규정했다. 1930년대 이세종, 이현필, 최흥종, 강순명 등이 지리산 일대를 중심으로 묵상과 노동 중심의 수도공동체인 남방 영맥을 이뤘고, 박경룡, 유재헌, 이성해, 전진 등은 기도와 찬양 중심의 북방 영맥을 형성한 셈이다. 이 북방 영맥은 '불의 은혜'를 체험한 후 신비주의 부흥운동을 이끈 이용도 목사를 출발점으로 삼는다.

그러나 대한수도원은 6·25전쟁을 겪으면서 수도원장이었던 유재헌 목사가 납북되고 박경룡 목사와 이성해 집사가 목회를 위해 도시로 가면서 불씨가 꺼질 위기에 놓였다. 전진은 과부 된 몸으로 어린 아들 최조영(훗날 목사)과 수도원 제단을 지켰다. 그 깊은 계곡에서 홀로 남아

■ 젊은 시절부터 수도원을 찾는다는 한 교인이 순담계곡 옆 회개바위에 대해 설명하고 있다.

1960~1990년대 '성령 불의 은혜'가 타오르게 했다. 병 고침의 은사 등이 알려지면서 그 깊은 산속까지 사람들이 몰려들었다. 그는 강원도 북부에 교회 개척도 게을리하지 않았다.

지금도 대한수도원에는 숱한 사람이 몰린다. 건강과 가정문제, 사업문제, 신앙적 갈등 등으로 응답받기 원하는 이들이 수도원 내 '회개바위'를 찾는다. 회개바위는 순담계곡 청록빛 물결을 밑에 두고 여전히 그대로 있다. 계곡길을 따라가면 기도굴도 그대로다. 신앙 선대의 자리에 후대가 무릎 꿇게 만드는 곳이다.

대한수도원의 자연은 하나님의 신비 체험 장소로 유명하다. '신비'의 비밀은 각자 다르다. 다만 기도가 비밀을 푸는 열쇠라는 건 분명하다.

전진 (1912~1996)

1931년 협성신학교 입학
1936년 협성신학교 졸업,
   논산제일감리교회 전도사로 부임
1939년 원산 빈아교양원 실무 책임자로 활동
1941~1943년 3월 함흥 북주동장로교회 전도사
1946년 3월 원산중앙교회에서 개최한
   부흥회에서 중생 체험
1946년 5월 철원 대한수도원 생활 시작
1947년 3월 군탄교회(현 신철원교회) 개척
1956년 대한수도원 재건 작업 시작
1965년 5월 기독교대한수도원 이사회에서 '평생 원장'에 선임
1978년 캐나다, 미국을 다니며 집회 인도

민족지도자들이 시무한 철원 장흥교회는 순례 코스

철원 장흥교회는 대한수도원과 함께 지금도 순례자의 발길이 끊이지 않는다.
1920년 시작된 이 교회는 일제강점기와 해방 후 신석구, 서기훈, 명관조, 박
경룡 목사 등 교계 민족지도자들이 시무한 곳이기도 하다.
철원 지역 '신한애국청년회' 사건은 기독교 청년운동의 대표적 사건이다.
1946년 이승만·김구 합작의 대한독립촉성국민회가 건국을 준비하면서 북

강원도 도청이 있던 철원에 국민회 비밀결사조직을 꾸렸다. 국민회는 상하이 임시정부 상임이사를 지낸 김병조 목사의 아들 김윤옥 목사를 지부장으로 파견했다.

이 과정에서 공산정권에 반대하는 장흥교회와 대한수도원 등 철원 지역 기독청년들이 신한애국청년회라는 이름으로 "김일성 타도하자, 형제여 통일을 이루자"라고 외치며 무장투쟁을 벌이게 됐다. 당시 철원은 38선을 기준으로 남북이 분단됨에 따라 이북 지역에 속했다. 그러나 이 조직은 3개월 만에 발각돼 40여 명이 체포됐고 그중 김윤옥 목사, 박성배 장로 등이 고문 등으로 숨졌다.

■ 철원 장흥교회. 철원 지역 기독청년들은 해방 직후 장흥교회와 대한수도원을 중심으로 남한 지지 투쟁을 펼쳐 공산정권으로부터 탄압을 받았다.

뼛속까지 유교 숭배자,
예수를 따르다

한국신학 기초 세운 최병헌 목사와 충북 제천·보은

　박달재 옛 고갯길은 간간이 차가 한 대씩 지날 뿐이다. 충북 제천시
가 고개 정상에 "울고 넘는 박달재" 노래비와 장승 등 다양한 설치물을
조성하고 공원화했지만, 사람들은 고개 아래로 난 터널을 이용해 빠르
게 서울 방향으로 달린다.

　한국 신학의 기초를 닦은 최병헌(崔炳憲) 목사라는 인물이 있다. 선
교사 헨리 거하드 아펜젤러(1858~1902)에 이은 서울 정동교회 2대 목
사다. 그의 호는 탁사(濯斯)다. 한국 교계는 통상 '탁사 최병헌 목사'로 부
른다. 탁사는 아펜젤러와 언더우드 등에 의해 한국 선교가 시작된 1880
년대 후반 무렵부터 사역의 길을 걸었다. 여명기 한국 교회 초기 목회자
다. 이식된 신학을 한국화한 첫 신학자이기도 하다.

　'탁사'는 '어지러운 세상을 깨끗하게 하다'라는 뜻으로, 중국 초나라
시인 굴원(屈原)의 시 〈어부사(漁父詞)〉의 말미에 나오는 대목과 연관된

■ 한국적 신학의 가닥을 잡은 탁사(濯斯) 최병헌 목사의 고향인 충북 제천의 탁사정 풍경.
한학에 밝았던 탁사는 존스와 아펜젤러 선교사의 권면으로 복음을 도(道)로 받아들인다. 그는
말년 서울 천연동 탁사정에 기거하며 토착 신학 저술에 힘쓴다.

다. "큰 바다 푸른 물이 맑으면 갓끈을 씻고, 더러우면 내 발을 씻는다 (滄浪之水淸兮, 可以濯吾纓. 滄浪之水濁兮, 可以濯吾足)"라는 구절에서 '씻을 탁(濯)' 자를 취했다. '이 사(斯)' 자는 이 세상을 가리키는 것이다. '탁사'는 성리학의 토양에서 자란 최병헌이 복음을 진정한 도(道)로 받아들이고 발을 씻고 예수를 따르겠다는 의지를 상징적으로 보여 주는 호라 할 수 있다.

박달재 정상에서 12킬로미터 지점에 탁사정(濯斯亭)이란 정자가 있다. 제천 시내를 가로지르는 제천천 계곡을 아래로 둔 탁사정은 제천군 현좌면 신월리(현 제천시 신월동) 출신 최병헌의 호에서 비롯됐다는 설이 설득력 있다. 당대 제천이 낳은 선각자이자 서학에 능통한 학자가 최병헌이고, 서울 정동교회와 상동교회를 근거지로 개화운동을 펼친 인물이기에 지역민에게 영향력이 클 수밖에 없었다. 탁사정은 조선 선조 때 세워져 팔송정(八松亭)으로 불리다가 1925년부터 탁사정으로 개칭됐다.

다시 박달재. 이 고개는 문경새재, 단양 죽령 등과 함께 조선 청년들의 입신양명을 위한 과거길이기도 했다. 가난한 집안 출신으로 동냥글을 배워야 했던 최병헌에게도 금의환향을 위한 인생의 고산준령이었다.

성경 분석한 '유교 엘리트'

그러나 그는 과거에 번번이 낙방했다. 때는 19세기 말, 조선의 과거 제도는 부정이 만연했다. 최병헌이 남긴 과장(科場)의 풍경을 살펴보자.

꿈을 안고 수백수천 리를 바삐 와서 글 한 장으로 인생 운명을 바꾸는 것이 유일한 희망이었다. 그러나 과장은 몇몇 유력자의 농락장이 되고… 소위 권문대가라 하는 사람들은 문벌계급만 가지고 사람을 취하였다. 다시 말하면 유력자 자식이라야 사람일 뿐, 하층 사람은 재덕도 쓸데없고 지식도 쓸데없다. 어찌해야 대국(大局)을 바로잡고 민중을 향상케 할 것인가. (《신학세계》12권 2호(1927) "탁사 최병헌 선생 약력"에서)

오늘날 공공기관 채용비리와 다를 바 없는 일들이 현장에서 벌어졌던 모양이다. 이 같은 좌절은 그보다 열일곱 살 적은 이승만 전 대통령도

■ 박달재 풍경. 탁사는 조선 말 제천 박달재를 넘으며 과거에 응시했다. 과장 부정부패로 매번 낙방했다.

비슷하게 겪었다. 같은 배재학당 출신인 두 사람은 과거 낙방이라는 공통점이 있다. 그들은 깊은 좌절에서 한동안 헤어 나오지 못했다. 그리고 그 좌절을 통해 세계관을 달리했다.

탁사는 한학에 능통한 천재소년이었다. 그는 고향 신월리를 떠나 충북 보은군 내북면 사막리(현 보은읍 봉평리)의 먼 친척 최직래의 양자로 입적해 공부를 계속했다. 탁사가 스물두 살 되던 해, 양부모는 서울 회현방 상동으로 이사했다. 하지만 양부모는 병을 얻어 누웠고, 병 치료를 위해 상동 집을 팔고 황화방 정동으로 이사해야 했다. 정동에서 양아버지가 세상을 떠났다.

많은 약값과 장례비 등으로 도시 빈민이 된 그는 다시 사막리로 내려가 양모와 친부모를 부양하며 살았다. 그 와중에도 과거에 계속 응시했다. 그 가운데 임오군란(1882)이 일어나고 나라는 무법천지가 됐다. 1888년 다시 서울로 올라간 그는 정동교회 근처에 살며 신문물을 접했다. 그러던 어느 날, 친구의 소개로 한국 감리교의 토대를 쌓은 조지 H. 존스(1867~1919) 선교사의 한국어 교사가 된다. 아펜젤러도 존스를 통해 만났다. 두 선교사와 탁사는 배재학당을 중심으로 기도 모임을 가졌다. 1889년 탁사는 배재학당 한문 교사가 된다.

하지만 뼛속까지 유교를 숭상하고 있던 탁사는 우리가 날 때부터 죄인인 것과 예수 그리스도의 희생으로 말미암아 우리의 죄가 용서받았다는 것, 조상에게 절하지 말라는 말씀을 받아들이는 게 쉽지 않았다. 뿌리 자체를 부정하는 일이라 생각한 것이다.

그는 유교 엘리트답게 성경을 분석했다. 아펜젤러와 존스 역시 유교 문화권 선교를 위해 탁사와 같은 유교 엘리트를 얻는 것이 중요했다. 탁사는 1893년 2월 8일, 마침내 존스에게 세례를 받았다.

"서양 기술과 기독교 전폭 수용해야"

그 무렵 조선은 주자학에 토대를 둔 유교사상이 제사로 상징되는 우상화로 치달아 망국의 길로 가고 있었다. 죽은 자를 두고 산 자들이 싸웠다. 양반의 허례 때문에 고난받는 백성이 눈에 들어올 리 없었다. 조선 말 정치세력은 크게 위정척사파, 온건개화파, 급진개화파로 나뉜다. 척사파의 이항노·기정진·최익현, 온건파의 김윤식·김홍집·신기선, 급진파의 김옥균·박영효·서광범 등이 충돌을 빚고 있었다.

급진파는 '종교가 흥하면 나라도 흥하고 종교가 쇠하면 나라도 망한다'는 관점에서 유교를 대신할 기독교를 수용했다. 백성 교화와 교육의 방편으로 삼은 것이다.

탁사의 맥락은 급진파에 닿았지만 제3의 길을 향해 가고 있었다. 사회개혁 너머 '실존적 구원으로서의 복음'을 얘기했다. 동도동기(東道東器)도, 동도서기(東道西器)도 아닌 대도대기(大道大器) 입장이었다. 서양의 기와 함께 서양의 도인 기독교를 전폭 수용해야 한다고 주장했다. 동서양의 하나님이 따로 있을 수 없다는 비교종교학 관점이다. 그는 예수 그리스도가 인류의 구주임을 확신했다.

탁사는 김홍집 내각(1895) 때 농상공부에서 일하며 기독교 문서사업에 헌신했다. 1895년 아펜젤러와 〈조선회보〉를 창간했고, 1897년에는 한국 교회 최초 신문인 〈조선그리스도인회보〉를 창간해 주필이 됐다. 또 〈신학월보〉를 통해 한국 최초의 신학논문집 〈죄도리〉를 발표했다. 그리고 1910년대 종교에 깃든 기독교 정신을 담은 "성산유람기"를 연재했고 이것이 1912년 《성산명경》이란 단행본으로 출간됐다. 비교종교학

"사교고략(四敎考略)" 연재도 〈신학월보〉를 통해 진행됐다.

　탁사는 한국적 신학 연구에 평생을 바쳤다. 신학자 유동식 전 이화여대 교수는 "당시 선교사들의 개인 구원관과 관점이 달랐던 그는 복음을 우리에게 주어진 축복이자 민족적 상황의 소산으로 봤다"라고 말한 바 있다. 더불어 탁사의 정동교회 목회, 독립협회 및 YMCA운동 참여, 애국계몽운동 등은 사회구원을 향한 실천이었으며 이를 체계화한 것이 한국적 신학의 뼈대가 됐다는 것이다. 고 변선환 감신대 교수는 "탁사는 인간이 자유와 자주, 평화를 원하지만 그 나라의 정치는 결국 그 나라의 종교 여하에 의해 결정된다고 보았다"고 했다.

■　(좌) 한국적 신학의 첫 저서 《성산명경》 표지
■　(우) 사진에서 왼쪽이 최병헌 목사가 거하던 서울 탁사정이다. 오른쪽은 천연정. 지금의 서울 금화초등학교 자리로, 그 일대는 협성신학교(현 감신대) 등 감리회 종교부지였다. 1920년대 사진으로 추정되며 지금은 사라지고 없다.

'실족' 흠에도 한국신학의 태두

그의 고향 신월동은 현재 세명대·대원대 등이 들어선 대학촌이 됐다. 제천시는 수년 전부터 탁사기념관 조성을 추진했으나 일부 지역 시민단체가 탁사의 의병 순무사 전력 등을 이유로 반대하는 바람에 좌절됐다.

최병헌은 말년 교권을 쥔 탁사(託事, 교회에 딸린 토지 건물·비품 따위의 보관이나 수리에 관한 일을 맡아보는 교직)로 재정 관리에 따른 구설을 낳기도 했다. 그렇다고 그것이 개화운동가와 신학자로서의 공을 가릴 만큼 위중하다고 보긴 어렵다.

■ 탁사의 고향 제천 신월동 모습. 제천시는 탁사기념관을 추진하고 있으나 탁사의 의병 순무 이력이 걸림돌이 되고 있다.

박달재 고개 정상의 "울고 넘는 박달재" 노래비 옆에 의미 있는 안내판 하나가 서 있다. 이 노래 작사가 반야월의 일제하 협력행위를 알리는 내용이다. 탁사의 한국 교회 헌신과 인간적 실족도 마찬가지일 것이다. 있는 그대로 알리면 된다. 지방자치단체가 탁사의 독립운동을 기리기 위해 애쓰는 마당에 한국 교회가 특정 교파 사람 또는 실족 등을 이유로 묻어 버리는 것은 제대로 된 역사 서술이 아니다.

탁사 최병헌(1858~1927)

1889년 배재학당 한문 교사
1893년 존스 선교사에게 세례 받음
1895년 대한제국 농상공부 관직,
　　〈조선회보〉 창간
1896년 독립협회 설립 참여, 엡웟청년회 조직
1897년 〈조선그리스도인회보〉 창간
1898년 성서번역위원
1900년 전도사로 정동교회 치리, 〈신학월보〉 창간
1902년 목사 안수, 아펜젤러 소천
1903년 정동교회 담임 목회
1900~12년 《성산명경》 등 저술 활동
1914년 인천지방 감리사
1918년 내외국인선교회 초대 회장
1923년 협성신학교 교수

탁사를 신앙인으로 거듭나게 한 동년배 사역 동지 아펜젤러

탁사에게 절대적 영향력을 끼친 인물은 선교사 아펜젤러다. 탁사가 배재학당 한문 교사가 됐을 때부터 두 사람은 동년배로서 사역 동지가 된다.

탁사는 아펜젤러를 도와 주일학교 교사가 되고 전도사가 됐다. 탁사의 아들이 죽었을 땐 아펜젤러가 공덕리(서울 마포구 공덕동)에서 장례 집례를 했다. 1899년 1월 아펜젤러가 만국기도회에서 "산제사"라는 제목으로 설교할 때 탁사는 그 자리에서 성령 충만을 경험했고, 1901년 2월 아펜젤러가 눈보라 속에서 정몽호라는 노인에게 나무와 양식을 몰래 가져다주는 것을 보고 신앙인으로 거듭난다.

그러나 1902년 6월 아펜젤러는 목포 성서번역 모임 참석차 배편으로 가던 중 서해 어청도 부근에서 해상 사고로 별세한다. 그때 탁사 꿈에 아펜젤러가 세 번이나 나타난다. 마지막 꿈에서 아펜젤러는 "모처에 기도회를 만들어 달라"고 했다.

■ 서울 정동교회 내 아펜젤러 흉상. 탁사 흉상도 있다. 두 사람은 동갑내기다.

말씀 접한 '도쿄 난민', 고국 민중 일깨우는 데 헌신

독립운동가 서재필과 충남 논산

독립운동가 송재(松齋) 서재필(徐載弼)의 신앙적 삶에는 영웅적 서사가 담겼다. 그러나 한편으로 답사 내내 연민의 마음을 떨칠 수 없었다. 그의 생가와 본가가 있는 전남 보성과 충남 논산을 잇는 여정은 서재필이 가고 싶어 하지 않았던 길이기도 했다.

서재필의 삶은 화려하다. 그는 18세에 과거 급제하고 이듬해 일본 게이오의숙(慶應義塾)과 도야마(戶山)육군학교에서 수학했다. 1884년 12월 4일 김옥균, 서광범, 홍영식, 박영효 등과 갑신정변을 일으켰지만 실패하고 미국 망명길에 올라야 했다.

이후 그는 미국 샌프란시스코 제일장로교회를 배경으로 컬럼비아대학(현 조지워싱턴대학) 의학부에 입학했고 1890년 시민권을 얻었다. 두 해 뒤 한국인 최초로 미국 의학사 학위를 받았으며, 또 두 해 뒤 워싱턴DC 커버넌트교회에서 암스트롱이라는 미국 여인과 결혼, 두 딸을 낳고

개업의가 됐다.

이 뛰어난 조선의 엘리트는 김홍집 내각 추천으로 1895년 귀국해 중추원 상임고문을 맡아 국정기획을 주도했다. 〈독립신문〉 창간, 독립협회 설립, 독립문 준공, 만민공동회 개최 등 개화기 민족 지도자로서 최선을 다했다. 1922~1945년엔 미국에서 의사로서 조용히 살기도 했다.

해방과 함께 미군정이 시작되자 그는 과도정부 특별의정관으로 임명됐다. 그 과정에서 초대 대통령에 추대되기도 했다. 하지만 고령인 탓에 다시 미국으로 돌아가야 했다.

체제와 세기, 대륙을 오가며 민족을 위해 힘써 온 그는 1977년 건국훈장 대한민국장에 추서돼 국립서울현충원에 안장돼 있다. 그렇게 '화려하게' 살았지만 상처가 깊었다. 그는 두 번 귀국하여 머물 때 단 한 번

■ 과거 급제 후 관비장학생으로 일본 도야마육군학교에서 수학했던 서재필. 그러나 갑신정변에 가담한 뒤 미국 망명길에 올라야 했다. 미국에서 의사가 된 그는 미국 여성 암스트롱과 결혼 후 10년 만에 귀국해 중추원 상임고문이 됐다.

도 고향을 찾지 않았다. 자신 때문에 부모, 형제, 아내, 자식이 반역 죄
인으로 살해당하고 굶어 죽었기 때문은 아닐까. 연민이 드는 이유였다.

망명자, 언더우드에게 주기도문을 배우다

서재필이 한국 초기 개신교를 언덕 삼아 혁명가로 살았건, 신실한
그리스도인으로서 신앙적 삶을 살았건 그걸 깊이 따질 바는 아니다. 성
령의 역사는 사람이 기준점이 되지 않고 오직 하나님 중심이기 때문에
그를 들어 쓰신 이유가 있을 것이다.

충남 논산시 연무읍 금곡2리 서재필가(家) 묘역은 참배객이 찾기 어
려운 장소임에도 잘 관리되고 있다. 봉분과 비석이 예사 무덤이 아니라
는 걸 보여 준다. 논산시가 너른 주차장까지 조성하는 등 신경을 많이

■ 서울 정동으
로 추정되는 집 앞
에서 찍은 것으로,
가마 속 여성이 암
스트롱이다.

172

쓴 흔적이 역력하다.

"송재 서재필 박사 지묘"라고 쓴 비석에 색다른 이름 하나가 눈에 들어온다. 계배(繼配)부인 샤무엘 암스트롱. 서재필이 망명지 미국에서 재혼한 부인 이름이다. 계배부인 이름 위 첫 부인은 이름조차 전해지지 않았던지 '광산 김씨'라고만 돼 있다. 기독교가 이 땅에 전래되기 전까지 여성은 이름 석 자조차 올릴 수 없을 정도로 소외되고 고달픈 삶을 살아야 했다.

이 광산 김씨는 남편이 혁명에 실패한 후 스스로 목숨을 끊었다. 독자(獨子)는 거두는 이가 없어 굶어 죽었다는 얘기가 떠돈다. 서재필의 부모 서광효와 성주 이씨도 자살했다. 일본에서 양잠학을 공부한 동생 서재창은 형을 도왔으니 살아남을 리 없었다. 3대가 멸문지화를 당했다.

가족이 이렇게 도륙될 무렵 서재필은 필사의 탈출 끝에 박영효 (1861~1939)·서광범(1859~1897) 등과 도쿄에서 '난민' 신세가 됐다. 선교사 고든 어비슨이 남긴 기록물에 그의 한탄이 잘 묘사돼 있다.

나는 이틀 동안 아무것도 먹지 못했다. 몸 누일 자리도 없었다. 요코하마에 있는 한두 사람의 미국인(선교사로 추정)이 아니었으면 그대로 무너졌을 것이다. 나는 한국인에게 염증을 느꼈으면서 동시에 일본에 대해서도 실망했다. 동양을 떠나 미국에서 새로운 삶을 찾기로 했다. 박영효와 서광범이 나와 함께 있다.

이 조선의 혁명가 세 사람은 일본 망명 기간에 전혀 예상치 않은 선교사들을 만나 도움을 받게 되는데, 그들이 바로 스크랜턴(1856~1922) 과 언더우드(1859~1916)다. 서재필은 언더우드에게 한국어를 가르치고 대가로 영어를 배웠다. 언더우드는 그에게 영어 철자만이 아니라 주기도문을 정성껏 가르쳐 주었다. 언더우드는 특히 그들의 딱한 사정을 듣고 미국 동부에 사는 자신의 형 존 언더우드(타이프라이터 발명가)에게 연락해 보라고 소개장을 써주기도 했다. 서재필은 영어성경 공부에 매진했고 신앙생활도 열심이었다. 박영효와 서광범은 스크랜턴에게 한국어를 가르쳤다. 그 무렵 아펜젤러(1858~1902) 역시 스크랜턴, 언더우드 등과 함께 조선 선교를 위해 일본에서 대기하고 있었다.

세 사람은 스크랜턴과 언더우드 등의 도움으로 초신자가 됐다. 그러나 가난한 조선 청년, 그것도 외교 문제를 일으킬 수 있는 정치범들이 미국에 가기란 쉽지 않았다. 다행히 일본에 먼저 와 있던 개화파 인물 이수정(李樹廷, 1842~1886, 최초 한글 성서 번역자)이 나서서 일본 주재 미국 선교사 루미스, 바라, 낙스, 헵번 등을 소개했고 그들이 미국 망명을 위한 신원보증인이 됐다. 미국행 뱃삯은 이수정의 소개로 교토 도시샤(同志社)대학 설립자 니지마 조(新島襄)를 만나 도움을 받았다. 특히 루미스 선교사는 자신이 시무하는 시로교회 성도들에게 광고해 서재필의 재정을 도왔다.

서재필, 박영효, 서광범은 검으로 조선 혁명을 꿈꿨다. 스크랜턴, 언더우드, 아펜젤러는 말씀으로 조선 혁명을 꿈꿨다. 일본에서 만난 이들은 1885년 3월 각기 미국과 조선을 향해 떠났다. 누가 혁명가인지 구분되지 않았다.

1885년 5월, 배편으로 샌프란시스코에 도착한 서재필 일행은 여관 주인의 소개로 교회에 출석했다. 그리고 얼마 후 미국 유학 경험이 있던 서광범이 먼저 뉴저지 주 러트거즈대학에 입학해 떠나고 둘만 남게 됐

■ 충남 논산시 은진면 은진초등학교 교사(校舍) 앞 향나무. 축구 골대 뒤로 수령 500년 된 느티나무 군락이 있다. 이곳은 1884년 갑신정변 당시 은진현 관아였다. 은진 출신 서재필은 갑신정변 실패 후 망명길에 올랐고, 그의 부모는 이곳 관아 감옥에 수감됐다가 스스로 목숨을 끊었다. 이후 일제는 관아를 헐고 황국신민교육을 위한 소학교를 건축하고 목재 건물 보호용 향나무를 심었다. 두 나무 모두 보호수다. 3대가 멸문지화를 당한 서재필은 예수를 믿고 검보다 말씀으로 대한독립을 얻고자 했다.

다. 두 사람은 샌프란시스코 제일장로교회 로버츠 장로의 도움으로 가구점에 들어가 홍보전단 돌리는 일을 했다. 가구점 사장 책상에 성경이 놓여 있었다고 서재필이 회고한 바 있다.

그들은 영어성경을 읽으며 매일매일 감사의 생활을 했다. 한데 왕족이었던 박영효는 잘 아는 일본인을 그곳에서 만나 일본으로 돌아갔다. 서재필은 굴하지 않고 정육점 점원과 창고지기 등을 하며 제일장로교회를 섬겼다. 그러던 중 일본 요코하마의 바라 선교사 주선에 힘입어 미국 동부 힐먼아카데미에 진학하게 됐고, 제일장로교회 교인들은 송별예배로 그를 보냈다. 힐먼아카데미 설립자 홀렌백은 초신자 서재필에게 전액 장학금을 주었다.

어느 해 서재필은 홀렌백이 출석하는 교회에서 간증하게 됐다.

"저는 조선을 중국 청나라로부터 벗어난 자주적인 나라로 만들려 했으나 실패하고 역적으로 몰렸습니다. 아내와 두 살 난 아들은 난리통에 죽고 말았습니다. 동지들과 일본 망명 후 미국 선교사들의 도움으로 이곳까지 왔습니다. 하나님도 알게 됐습니다. 이 모든 것이 하나님 뜻 안에서 이뤄진 것임을 알게 됐습니다."

이때 서재필은 그들 앞에서 찬송가 "나 같은 죄인 살리신(Amazing Grace)"을 눈물 흘리며 불렀다. 아내와 아들, 부모와 형제에게 그런 죄인이 없었다.

고향으로 머리를 두지 않았던 서재필

논산시 은진면 은진초등학교 교정. 교문 입구에 500년은 됨직한 느티나무 6~7그루가 그늘을 드리웠다. 교사(校舍) 앞에는 100년 넘은 향나무 두 그루가 보호수로 관리되고 있었다. 느티나무와 향나무 사이 운동장 마당에는 조선시대 거북석상이 자리했다. 유서 깊은 학교의 모습이다.

하지만 서재필에게는 뼈아픈 현장이다. 갑신정변 실패 후 당시 은진관아에 체포된 부모가 원옥(圓獄)에 갇혔다 끝내 숨졌기 때문이다. 그 관아마저 일제강점기가 시작되면서 모두 허물어졌다. 그 자리에 일제는 일본식 목조 건물을 세우고 황국신민교육을 시작했는데, 그 교사 앞에는 반드시 향나무를 심었다. 지금의 향나무 두 그루다. 그런 관아 자리가 지금의 은진초등학교와 은진면사무소 일대다.

개화파 서재필 등은 일본의 힘을 빌려 외세를 몰아내려 했다. 망명 10년 만에 귀국해서는 민초의 힘으로 외세를 몰아내려 했다. 서재필의

■ 서재필의 본가 지역 논산시 은진초등학교 교정에 있는 조선시대 거북석상. 독립운동가 서재필에게 비운의 현장이기도 하다.

중심에는 늘 예수가 있었다. 약한 자에게 손 내미는 예수의 공의가 필요한 조선임을 알게 됐다. 그는 〈독립신문〉 창간, 만민공동회 설립 등으로 민중을 깨우려 했다.

　　서재필은 망명 후 평생을 신앙인으로 살았다. 그러나 자신 때문에 부모, 처와 자식, 형제를 먼저 보낸 깊은 상처를 치유받을 수 없었다. 고향으로 머리를 둘 수 없었다. 사람들은 서재필을 위인이라 하나 정작 그는 하나님 앞에서 죄인이라고 고백했다.

■ 귀국 후 서재필이 살던 서울 서대문(추정) 집. 그는 정동감리교회를 섬겼으며, 광화문 새문안교회에서도 많은 일을 했다.

서재필 (1864~1951)

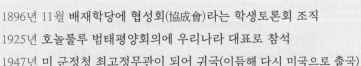

1884년 김옥균 등과 갑신정변에 참여
1885년 4월 박영효·서광범과 미국으로 망명
1893년 6월 컬럼비아의과대학 졸업,
　병리학 강사가 됨
1896년 중추원 고문에 임명됨,〈독립신문〉창간,
　독립협회 창설하고 고문이 됨
1896년 11월 배재학당에 협성회(協成會)라는 학생토론회 조직
1925년 호놀룰루 범태평양회의에 우리나라 대표로 참석
1947년 미 군정청 최고정무관이 되어 귀국(이듬해 다시 미국으로 출국)

❖

서재필은 제사를 원했을까

서재필 생가 전남 보성에는 '서재필기념공원'이 조성돼 있다. 생가 복원은 물론 제사를 위한 사당까지 들어서 있다. 충남 논산 본가 지역에서도 성역화 작업이 한창이다. 본가 뒤 대나무 숲 너머 묘역에도 제사를 위한 기반 시설이 갖춰져 있다. 자기 고장의 위인을 기리기 위한 지방자치단체의 노력인 셈이다. 지자체의 그런 노력을 탓할 바는 못 된다. 한국 교회의 무성의함이 안타까울 뿐이다.

멸문지화를 당한 서재필은 생가 및 본가 동네 주민들이 심겼다. 그러자 지자체가 지원했다. 만약 해당 지역 기독교연합회 등이 '그리스도인 서재필 추모

예배'를 매년 드렸더라면 상황이 달라졌을 것이다. 서재필만의 예가 아니다. 전북 진안의 이재명 의사도 그러했다. 뜨거운 신앙인이었던 그 역시 지자체와 문중의 주자가례(朱子家禮)에 의한 제사를 받는다.

한국 근대 인물은 대개 서재필 같은 그리스도인이 많다. 지역 교회가 눈을 크게 뜨고 살필 일이다.

- (위) 서재필 태생지 전남 보성(외가)에 건축된 서재필 사당. 그는 그리스도인이나 보성과 논산에서는 제사가 행해진다.
- (아래) 논산시 연무읍 금곡리 서재필 본가지. 논산시와 관련 단체가 사당 건축 등을 추진하며 성역화 작업을 하고 있다.

감옥에서 예수 만난 나이 쉰셋 '초심자', 교회 세우다

독립운동가 이상재와 충남 서천 종지교회

충남 서천군 마산면 벽오리 물버들방문자센터 숙소에서 하룻밤을 묵었다. 613번 지방도 옆에 위치한 이 센터는 서천 제일의 봉선저수지 생태를 지킨다. 물속에서 자라는 버드나무와 물안개로 창조의 신비를 보여 주는 곳이 봉선저수지다.

613번길. 크리스천 독립운동가 월남(月南) 이상재(李商在)가 큰 뜻을 펼치기 위해 출향(出鄉)한 길이며, 망국의 슬픔을 달래며 낙향(落鄉)한 길이기도 하다. 그 길을 따라 방문자센터에서 3킬로미터쯤 남쪽으로 향하면 마산면사무소가 나온다. 한때 우시장이 설 정도로 활기찼던 면 소재지는 이제 200~300미터 상가에 불과한 한적한 읍내가 됐다. 우체국, 농협마트, 보건지소, 복지회관…. 생활에 꼭 필요한 것만 있다.

이 한적한 동네 초등학교 옆에 3·1운동 기념탑이 우뚝하다. 하늘을 향해 두 팔 벌려 천부의 자유를 외치는 남녀 동상. 삼일절을 전후해

이 탑 앞에서 만세 재연 행사가 펼쳐진다. 이곳 사람들은 '새장터 만세
운동'이라 부른다.

　새장터 만세운동은 이상재 선생이 1904년 태동시킨 인근 종지교회
교인이 이끌었다. 1919년 3월 29일 종지교회 초대 장로 유성열은 교인
들과 밤새 만든 태극기를 신장리 장터에서 군중에게 나눠 주고 만세 삼
창을 했다. 태극기는 이렇게 민족을 위해 나부꼈다.

　새장터 기념탑을 거쳐 2.5킬로미터쯤 또 남하하자 왼쪽으로 '이상
재 생가'를 알리는 표지판이 나온다. 표지판이 가리키는 쪽으로 바라보
니 종지리 들판과 자연부락이 한눈에 들어온다. 부락 한가운데 교회 첨
탑이 종지교회임을 단박에 알려 준다. 들판 오른쪽은 '한산 모시'로 유명
한 한산 읍내다. 한산은 조선 말까지만 해도 4대문 성곽을 갖춘 관아가
있는 큰 고을이었다. 조선 양반들은 대개 읍치(邑治) 수령과의 마찰을 피
하기 위해 성 밖에서 향촌을 이루고 살았다. 종지리가 바로 향촌으로 한

■ 이상재는 한성감옥에서 예
수를 영접했다. 독립협회운동
으로 수감 중 동지들과 찍은
사진. 아래 왼쪽부터 강원달,
홍재기, 유성준, 이상재, 김정
식. 뒷줄 왼쪽부터 이승만, 안
명선(동지 안경수 아들), 김린,
유동근, 이승인(이상재 아들)
그리고 아버지 대신 복역 중인
소년.

산 이씨 집성촌이었다.

아들과 감옥에서 복음 받아들여

이상재는 가세가 기우는 양반집의 자제였다. 초가 생가가 이를 말해 준다. 그는 철종 1년에 태어났다. 안동 김씨 세도정치가 극에 달해 삼정문란으로 나라가 어지러웠고 13세 무렵엔 진주민란이 일어났다. 그해 이상재는 중국 고대 영웅전《춘추좌전》을 읽었고, 이듬해 한산읍성이 내려다보이는 봉서암(현 봉서사)에 들어가 유숙하며 공부했다. 한산 출신 고려 문신 목은 이색(1328~1396)이 재현했다고 할 만큼 이상재는 총명했다.

그는 18세 되던 해 종지리를 떠나 500리길 한양으로 과거시험을 보러 떠났다. 하지만 문필을 빌려 쓴 자가 급제하는 과장(科場)이었으니 붙

■ 옛 서대문형무소
(도서출판 범우사 제공)

을 리 없었다. 문헌 등에 따르면 이상재는 "낙방한 것이 분해서가 아니라 진심으로 나라가 걱정된다"고 개탄하며 "향리로 내려가 농사나 짓겠다"고 했다. 이런 그를 일가 되는 명사 이장직이 죽천 박정양(1841~1904)에게 소개했다. 박정양은 김홍집 내각 붕괴 후 내각총리대신 등을 역임한 진보적 정객이었다.

1903년, 이상재는 탐관오리의 부패상과 악정을 탄핵한 것으로 조정 대신들의 미움을 사 국체개혁 음모 죄목으로 차남 승인과 한성감옥(옛 서대문형무소)에 갇혀 있었다. 선교사들은 그를 위해 성경과 기독교 서적을 넣었고 이를 탐독한 그는 심령의 변화를 입어 예수를 영접했다. 53세 때였다. 그와 함께 옥중에서 예수 앞에 자복한 이들은 이원긍, 유성준, 김정식, 이승인, 홍재기, 안국선, 김린 등으로, 이들은 석방된 후 서울 연동교회와 조선기독교청년회(YMCA)를 중심으로 민족운동을 전개했다. 함께 투옥됐던 크리스천 이승만(훗날 대통령)은 선교사와 그들 사이에서 전도를 위해 애썼다. 그들은 "지옥과 같이 비참했던 감옥이 천국으로 변했다"고 말했다.

"이상재는 자신의 생애에 아주 낯선 체험을 했다고 한다. … 그는 주님을 믿게 되었고 민족의 위대한 지도자가 되었다." 이상재의 영접을 기록한 YMCA 선교사 브로크만의 글이다.

이상재가 고백한 신앙 체험은 그가 주미공사 하급관리로 워싱턴에 갔을 때와 독립협회에 있을 때 주어졌다. 이상재는 "위대한 왕의 사자가 기회를 주었지만 거절했고 그래서 옥에 가두어 신앙의 기회를 다시 한 번 준 것"이라고 했다. "회개하지 않으면 그 죄는 이전보다 더욱 클 것"이라는 주의 사자 음성에 회심했음을 간증했던 것이다.

한데 1904년 3월 석방된 이상재는 이유 없이 재차 투옥됐다. 그는 그리스도의 신성에 의문을 가졌다. 그러던 중 감방 멍석 밑에 한문 〈요한복음〉이 눈에 띄었다. 그는 모두 읽고 하나님께 자기 눈을 열어 달라고 기도했다.

"믿을 수 있겠는가. 내가 책을 읽고 있는데 예수께서 내 앞에 서셨다. 거룩하고 위대한 구세주였다. 나는 지금까지 완전히 그를 잘못 알고 있었다. 그는 바로 하나님이셨다…." 1928년 게일 선교사가 〈미셔너리 리뷰 오브 더 월드〉에 쓴, 재수감 후 이상재의 영적 체험담이다.

이상재가 감옥에서 하나님을 만나기 전의 삶은 이랬다. 과거 낙방 후 박정양의 문하생으로 정계에 입문했다. 그는 신사유람단 일행으로 일본에 가 개화사상을 갖게 됐으며, 인천우정총국 주사로 근무하기도 했다. 그러나 갑신정변으로 자진 사퇴하고 낙향과 상경을 거듭하며 전환국 위원, 승정원 우부승지, 학부 학무국장, 법무 참사관, 중추원 일등의 관 등을 역임했다. 강직한 성품인 그는 중추원에서 일하며 부정부패와 싸웠고, 서재필·윤치호 등과 독립협회를 조직해 백성의 소리를 전했다.

생가 마을 종지교회는 토착교회

다시 이상재 생가 마을. 생가는 서천군이 독립운동가 유적지로 잘 관리해 반듯했다. 이른 아침 종지교회 이학준 목사를 만났다.

"당시 월남은 이곳 사람들에게 존경받는 원로였어요. 월남은 영접 후 홍산(현 부여군 홍산면) 현감으로 있던 아들 승인에게 고향에 교회를 세우라고 했죠. 그래서 유지들과 마을 독지가 김영성 씨가 힘을 합해 자생적으로 생긴 교회를 세웠습니다. 미국 남장로교 군산선교부 선교사들이 금강줄기 따라 교회를 세워 나간 양상이죠."

185

■ 충남 서천군 한산면 종지리의 월남 이상재 선생 생가. 월남 선생에 의해 시작된 종지교회가 집 뒤로 보인다. 1800년쯤 세워진 생가는 1955년 유실됐다. 이어 1972년과 1980년 두 차례 복원됐다. 이후 2007~2011년 유물전시관 건립 등과 함께 큰 규모로 조성됐다.

이후 종지교회는 유성열 장로를 중심으로 임시 당회장 불(한국명 부위렴), 매커첸(매요한) 등이 순회설교 하면서 조직교회로 성장한다.

"종지교회 교인 등이 한산 읍내에서 만세운동을 전개한다는 첩보에 일경이 마산면에서 읍내로 진입하는 길에 바리케이드를 쳤어요. 만세운동 가려던 사람들이 종지교회로 몰렸고, 이어 전열을 가다듬어 신장리 장터로 간 거죠."

이 목사가 일경의 만세운동 저지 능선을 가리키며 말했다.

만세운동 후 교회는 혹독한 탄압을 받았다. 무엇보다 일경이 교인 뒷조사 등을 통해 교회를 분열시켰다. 1929년 〈전북노회록〉은 종지교회가 폐당회됐다고 전한다. 그럼에도 그들은 폐당회를 딛고 이내 일어섰다.

1919년 이상재는 3·1운동 배후 인물로 왜경에 검거됐다가 6개월 만에 석방됐다. 그리고 이듬해 3·1운동 직후 일제 탄압상을 조사하러 온 미국 국회의원조사단을 맞이하여 대규모 시위를 벌였다. 또한 기독교 지도자로서 YMCA 연합회장에 당선되었다.

그리하여 월남은 죽기 전까지 YMCA 운동과 신간회 등을 통해 항일 투쟁을 벌이다 1927년 4월 서울 재동에서 생을 마감했다. 20만 인파가 몰린 가운데 사회장을 마친 운구는 한산 선영에 모셔졌다. 고향에 복음의 씨를 뿌린 그의 생은 죽어서도 전도로 살아 있다.

이상재(1850~1927)

1903년 한성감옥에서 성경 읽고 교인이 됨
1904년 서울 연동교회 출석, 재수감 후 영적 체험
1910년 제1회 전국기독학생회 하령회 조직
1914년 조선기독교청년회(YMCA) 전국연합회 조직
1919년 3·1운동 배후로 검거됨
1920년 YMCA 회장
1924년 절제운동, 지방전도운동 지휘
1927년 민족단일전선 신간회 회장

종지교회 이학준 목사
"113년 역사 토착교회 자부심… ㄱ자 예배당 못 살려 아쉬워"

"아쉽죠. 다들 먹고살기 바쁠 때여서 미처 보존까지 생각을 못했을 겁니다."
종지교회 이학준 목사는 1960년대 말 철거된 'ㄱ(기역)'자형 종지교회 예배당
이 헐린 것을 안타까워했다. 그 예배당은 1904년 교회 설립 직후 강경읍에 있
던 어느 한옥에서 해체된 목재를 금강과 금강 지류를 통해 마을 앞까지 배로
실어와 건축했다. 남녀 구분을 위한 기역자 한옥 교회였다. 지금도 금강 건너
익산시 두동교회에 기역자 교회가 기독교 역사유물로 남아 있다.
"60년대 지역교회, 지역사회, 정계를 중심으로 '월남 이상재 기념교회'를 헌
당하자는 모금운동이 일었어요. 박정희 대통령도 금일봉을 하사하셨다고 합

니다. 그런데 '기념교회' 명칭 문제를 놓고 초기 교인 후손 간에 의견 조율이 안 됐답니다. 결국 '종지교회 성전 건축'으로 마무리됐어요. 그런 과정에서 초가 기역자 예배당을 살리지 못한 거죠."

종지교회는 113년 역사만큼이나 교인이 노령화됐다. 한때 500명 이상이 북적대던 마을은 100명 남짓하고 교인 또한 30~40명으로 줄었다. 2002년 부임한 이 목사는 "시골 교회가 공통적으로 안고 있는 고령화 문제에서 자유로울 수 없다"며 "작년에 일곱 분, 지난주 두 분이 운명을 달리하셨다"고 덧붙였다.

"그래도 우리는 크리스천 독립운동가 이상재 선생이 태어난 곳의 토착교회라는 자부심이 있습니다. 죽어 사는 생명이 복음이잖습니까."

■ 1960년대 말 철거된 종지교회 ㄱ자 예배당 앞에 선 교인들

호남
지역

"천황도 예수의 심판
받을 것입니다"

박연세 목사와 전북 군산 3·1운동역사공원

1944년 1월 대구법원에서는 한 목사의 재판이 진행되고 있었다. 판사가 물었다.

"천황폐하가 높은가, 예수가 높은가?"

목사는 주저 없이 답했다.

"나는 육체적으로 천황을 존경하지만 영적으로는 예수 그리스도를 제일 존경합니다. 언젠가는 천황도 예수의 심판을 받을 것입니다."

이는 영웅담을 극대화한 스토리텔링이 아니다. 일본 제국주의 재판부가 남긴 공식 문서 내용이다. 전북 군산과 전남 목포에서 천황이라는 우상과 맞서 싸운 박연세(朴淵世) 목사 이야기다. 한강 이남 첫 3·1만세운동을 주도했던 미션스쿨 교사였고, 출옥 후 평양신학교에 진학해 기름 부음 받은 자가 된 인물. 일제 강압에 못 이겨 한때 신사참배를 결의했던 자신의 행동을 책임지려 한 예수의 제자. 그는 서슬 퍼런 일제 말년에 "천황도 예수의 심판 받을 것"이라며 광야의 소리를 내다 감옥에서 순교했다.

전북 군산근대역사박물관. 일제강점기 법정을 재현한 체험관이 눈길을 끈다. 법복을 입은 세 판사 앞에 일본 순사가 총을 메고 있는 그림이 있다. 판사 그림 앞에 의자가 비어 있다. 누구나 앉을 수 있다. 관람객은 그 의자에 앉아 비분강개한 목소리로 말한다.

"조선 독립 만세! 나는 조선의 독립을 원하오."

사실 이 체험관은 1919년과 1943년 두 차례나 옥에 갇힌 박연세의 옥중 항일투쟁 교훈을 후대에 심어 주기 위해 설치한 것이다. "천황도 예수의 심판을 받는다"는 말이 나오는 순간 법정은 얼어붙었을 것이

■ 군산근대역사박물관 전시물 가운데 일제강점기 당시 법원을 재현한 모습. 재판받는 박연세 등을 상징화했다.

고, 순사는 달려 나와 박연세의 입을 틀어막았을 것이다. 세계 평화를 위협했던 왕을 천황으로 신격화해 신정일치(神政一致)로 한국을 통치하고자 했던 일제에 예언자의 소리를 내는 조선야소교장로회(장로회 전신)는 눈엣가시였다.

미국 남장로회 선교사들은 1890년대 7인의 선발대를 호남으로 보내 억눌리고 가난한 이들에게 복음을 선포(눅 4:18-19)했다. 군산은 목포, 전주, 광주, 순천과 함께 남장로회 선교부가 들어선 곳이고, 그들이 가는 곳마다 교회, 병원, 학교 등이 세워졌다. 핍박받던 조선 민중은 메시아가 자신들을 구원해 줄 거라고 믿었다. 그들은 예수를 믿었고, 선교사들의 조력으로 조선야소교장로회를 이 땅에 뿌리내리게 했다.

1895년 군산에도 전킨(한국명 전위렴)과 드루 선교사가 배편으로 들어와 한옥 두 채를 마련해 예배처로 삼고 첫 예배를 올렸다. 빈민 구제를 위한 약국과 진료소를 겸한 회당이었다. 구복동교회(개복교회 전신)와 구암교회 등이 1896~1900년 사이 설립된다. 1903년 전킨 목사는 구암동에 영명학교(군산제일고 전신)를 세운다. 문맹 상태로는 사람들이 복음을 알 수 없으므로 한글학교 수준의 출발이었다.

박연세는 군산에서 가까운 전북 김제군 용지면 출신으로, 서당에서 한문을 배웠다. 그의 아버지 박자형은 시대의 흐름을 읽었는지 그를 고등과 4년제 학교가 된 영명학교로 진학시켰다. 전킨 등 선교사들이 김제까지 전도를 나왔고 박자형은 이때 복음을 받아들였다.

박연세는 영명학교에서 자연스럽게 그리스도인의 삶을 배우게 됐다. 군산선교부를 배경으로 성장한 박연세는 개항장 군산에서 벌어지는 일제의 조선 식민지화와 교회 탄압을 학생 때부터 겪었다. 애초 군산우체국 앞에 있던 한옥 두 채 예배처소는 열강들의 조계지(租界地) 구획에

■ 군산 3·1운동 발상지 구암교회 초기 모습. 현 구암교회 담벼락 타일 사진이다.

■ 구암교회 옆에 있는 3·1운동 기념비. 군산의 만세운동은 3월 5일 이 지점에서 시작됐다.

따라 구암동으로 밀려난 상태였다.

영명학교를 졸업한 박연세는 복음을 안고 고향 김제군 백구면 신명학당에서 한문과 역사를 가르치기도 했다. 한국 교회 초기 기독교사(敎師)였다. 그러나 1910년 나라가 패망했다. 박연세는 군산으로 와서 영명학교 교사가 되어 제자들에게 하나님 나라 이야기와 예수의 사역을 전했다. 성령 안에서 누리는 의와 평화를 얘기했다. 그리고 다들 쉬쉬하는 민족의 현실을 토설했다. 이때 호남평야를 차지한 일본 지주들에게 쫓겨난 조선인들은 군산 산비탈에 토막집(움막)을 짓고 살았다. 박연세는 울분을 삼키며 1916년 안수집사가 됐고, 1918년 장로가 되어 구암교회를 열심히 섬겼다.

1919년 3월 초. 서울 세브란스의학전문학교로 진학한 그의 제자이자 고향 후배인 김병수(1898~1951, 독립운동가)가 200매의 독립선언서를 품에 안고 박연세에게 도움을 청했다. 전국적으로 조선 독립을 염원하는 민중이 3월 1일을 기해 봉기했다는 것이다. 김병수는 33인의 한 사

■ 박연세가 3·1운동으로 체포돼 재판에 넘겨진 상황을 보도한 당시 신문 기사

■ 목포 양동교회 전경. 박연세 목사는 우상 숭배 반대를 외치다 대구형무소에서 숨겼다.

람인 이갑성의 요청으로 군산 지역으로 밀파됐다.

박연세는 독립선언서를 받고 영명학교 교사와 학생을 중심으로 3월 5일 거사를 벌이기로 했다. 그는 자기 집에서 고석주, 김수영, 이동욱 등에게 독립선언서 100매를 넘겨주었다. 김병수는 서울 독립 만세 시위의 중책을 맡았으므로 군산을 떠난 상태였다.

그러나 일제의 내사 등으로 사전 발각되어 박연세는 체포되고 말았다. 끌려가는 그를 본 영명학교와 멜본딘여학교(군산영광여고 전신) 교사와 학생, 구암병원 직원들이 울며 그를 막았고, 그 소식이 시내에 번지면서 3·5군산만세운동의 기폭제가 됐다. 박연세는 보안법 등의 혐의로 대구형무소로 끌려가 2년 6개월의 옥고를 치렀다.

그는 감옥 안에서 기도와 성경 묵상으로 고난을 이겨 냈다. 그리고 예수 십자가의 길을 따르기로 했다. 그는 출옥 후 평양신학교에 진학해 3년 과정을 마쳤고, 1925년 목사 안수를 받았다.

1926년 목포 양동교회 담임목사로 부임한 그는 요즘으로 치자면 신

■ 목포 양동교회로 부임한 박연세 목사(가운데)가 제직들과 찍은 사진. 1930년대로 추정된다.

도시 큰 교회 목사였다. 그해 6월 3일 자 〈동아일보〉는 양동교회 박연세
목사가 전남노회 20회 총회장이 되어 '제주성경학원 설치', '광주 이일양
성학교 성경과(聖經科) 학년 연장', '추자도 전도인 파송', '종교교육 확
장', '여수 나병원 보조 건' 등을 처리했다고 보도했다.

　1930~1940년대 목포는 전국 6대 도시였다. 교회의 영향력이 커졌
다. 일제의 식민통치도 강화됐다. 이때 박연세는 네 번이나 전남노회장
을 하며 뼈아픈 죄를 범한다. 일제의 신사참배 강요에 무릎을 꿇은 것이
다. 하지만 그는 곧 배교를 후회하고 무단통치가 극에 달하던 일제 말 조
선 교회를 일본기독교단이라는 이름 아래 통폐합하려는 움직임에 맞서
청년 교사 때의 용기로 저항했다. 제자 이남규(1901~1976, 제헌의원) 목
사, 서남동(1918~1984, 신학자) 박사 등이 저항에 같이했다. 그는 그렇
게 두 번째로 대구형무소에 갇혔다. 그게 마지막이었다.

　현재 군산 3·1운동역사공원 안에는 구암교회가 있고, 영명학교 건
물을 재현한 군산 3·1운동100주년기념관 등이 한국사 속 기독교의 공로
를 대변하고 있다. 그러나 바울과 같이 회개하고 하나님 앞에, 민족 앞
에 부끄러움이 없었던 박연세 목사는 '종교 프레임'에 갇혀 같은 시기 독
립운동을 한 비종교인에 비해 저평가되어 있다.

■ 전북 군산 3·1운동역사공원 내 구암교회. 한국 기독교 전래 초기 미국 남장로회가 군산선
교부를 세운 곳이다. 왼쪽은 1950년대 구암교회 예배당, 오른쪽은 현재 사용 중인 예배당이다.
멀리 보이는 건물은 군산 3·1운동100주년기념관.

■ 군산 3·1운동100주년기념관. 초기 미션스쿨 영명학교 건물을 재현했다.

박연세(1883~1944)

1916년부터 구암교회 안수집사로 활동
1919년 군산에서 거사 계획이 탄로나
　　다른 주동자들과 체포됨. 보안법 및
　　출판법 위반 혐의로 2년 6개월형을
　　언도받고 옥고를 치름
1922~1924년 평양신학교에서 공부
1925년 전북 노회에서 강도사 자격 취득,
　　목사로 장립됨
1926년 9월~1942년 11월 목포 양동교회 시무

독립선언서 품은 기독학생,
호남 만세운동 불씨 놓다

독립운동가 김병수 장로와 전북 김제·익산

전북 익산시 중앙동 옛 삼산의원 건물은 2019년, 100여 미터 떨어진 곳에서 지금의 위치로 통째로 옮겨졌다. 이 건물은 세브란스의전 출신 독립운동가 김병수(金炳洙) 장로가 일제강점기인 1922년 자신의 호를 따 개원하여 운영했던 병원으로, 그는 이곳에서 가난한 자들을 돌봤다.

익산역 앞 중앙동 일대를 한참 돌아다녀도 '구 삼산의원' 건물을 찾을 수 없었다. 중앙동 우체국 주변을 몇 바퀴 돌았으나 뭐에 홀린 듯 제자리였다. 구도심 중앙동은 인적이 드물었다. 지긋한 분들에게 물어도 "이 주변인데…" 하더니 찾지 못했다. 60대 아주머니가 미로를 탈출하게 도와줬다. 중앙동 토박이라는 남편에게 전화로 도움을 받으시였다. 아주머니는 친절하게 골목을 몇 차례 돌아 현재의 삼산의원 앞으로 안내했다.

벽돌 2층 건물. 건축 벽면에 수평의 띠 모양을 돌출시킨 소위 코니

■ 전북 익산시 중앙동 옛 삼산의원 건물의 이전 설치가 한창일 때의 모습. 2019년 3월 익산 근대역사관으로 개관했다. 세브란스의전 출신 독립운동가 김병수 장로가 일제강점기에 운영 했던 병원이다. '구 삼산의원'으로 불렸으며 인근에서 옮겨졌다. 김병수는 이곳에서 가난한 자 들을 돌봤다.

스 장식을 한 근대건축물이다. 창문과 출입구는 아치형이다. 2005년 등록문화재 제180호로 지정됐다.

김병수는 전북 김제시 백구면 유강리 지역 유지였던 김씨 문중의 똑똑한 자제였다. 호남평야 지주였던 문중은 어찌 보면 세도가였다. 따라서 변화를 원치 않았다. 그런데 1895년 미국남장로회 전킨 선교사가 군산에 도착하여 복음을 전하면서 군산선교부가 설립됐고, 선교사들은 군산에서 가까운 이리(현 익산)·김제 등에도 순회 전도를 했다.

이때 김씨 문중은 시대가 변하는 것을 받아들이고 자식들에게 '야소교' 선교사들이 권하는 신식학문을 배우라고 했다. 나아가 그들은 사회적 신분의 의무를 다하고자 지역에 신식학교를 설립했다.

■ 김병수가 졸업한 현 서울역 앞 세브란스의학전문학교. 이 학교 앞에서 그는 3·1 만세운동을 했다.

구 삼산의원을 찾기 전날, 김병수의 출생지 유강리를 찾았다. 교회 예배당과 초등학교가 있는 평범한 마을이다. 한강 이남 첫 3·1만세사건인 '3·5군산만세운동'과 '4·4이리만세운동'을 주도한 독립운동가의 고향이라고 믿기지 않을 만큼 조용했다.

김병수는 1919년 3월 1일 독립선언서를 품에 안고 모교 군산 영명학교(중·고 과정) 교사 박연세에게 전해 군산만세운동의 기폭제 역할을 했다. 그리고 그는 바로 서울로 올라가 남대문역(서울역)에서도 독립 만세를 외쳤다. 남대문역 앞 세브란스의학전문학교(연세대 의대 전신) 스승, 동창 등과 함께였다.

〈독립운동사 사료집〉 제5권은 "전라남북도의 책임자만 없으므로 이갑성이 세브란스의전 학생 김병수에게 부탁하여 전라도 지방을 순회하여 동지를 모집게 하였다"라고 기록했다. 일제의 "예심종결결정서" 기록을 바탕으로 한 사료집이다. 박연세는 독실한 신앙인으로, 군산선교부가 세운 영명학교를 졸업하고 유강리 신명학교 교사를 하다 다시 모교 교사 생활을 했다. 그 제자가 김병수다.

"인품 고결한 크리스천"

김병수 같은 독립운동가의 탄생은 복음이라는 하나의 밀알 덕분이다. 그의 집안 당숙 김연식은 외진 촌마을까지 선교에 나선 선교사들의 권유로 아버지 김장호와 함께 1908년 신명학당(김제 치문초등학교 전신)을 세운다. 김병수는 이곳에서 한글을 깨치고 대처 군산 영명학교로 진학했다.

유강리 치문초등학교에는 시골 여느 초등학교와 같이 충무공 동상

■ 해공 신익희 선생의 친필로 새겨진 육영사업 기념비. 김병수 등이 신학문을 한 김제 치문 초등학교 교정에 있다.

■ 치문초등학교 뒤 김씨 문중 사택을 송민영 교장이 안내했다. 호남 명문가가 기독교 사상 으로 시작한 학교다.

과 국기게양대가 있다. 한데 국기게양대 옆에 있는 2미터 넘는 기념비가
눈길을 끈다. 단기 4288년(1955년) 12월 세워진 기념비에 초서체가 호
방하다. 독립운동가 해공 신익희(1894~1956)가 김연식의 육영사업을
치하하는 기념비다. 이 학교는 1978년 공립학교로 전환되기 전까지 기
독교 사상에 의해 운영됐다. 3·1운동과 1944년 무렵 반일(反日)학교로
폐교되고 복교되기도 했다. '치문(致文)'은 김장호의 호다.

　"김병수 선생은 제 시아버지(김병기, 김연식의 아들)와 육촌 형제간
입니다. 김씨 문중 형제들이 대개 독립운동과 민족운동을 펼쳤어요. 김
병수 선생은 군산, 서울, 익산에서 독립운동과 사회운동 그리고 전도 활
동을 벌였어요. 일제강점기 이리제일교회 장로이셨고요. 아드님 김신기

■ 익산 이리제일교회 옛
예배당. 앞줄 오른쪽 끝이
김병수로 추정된다.

선생이 삼산의원을 이어받아 의료복지 소외자들을 돌봤어요. 구 삼산의원을 그만두신 후 익산 왕궁면에서 삼산의원을 개원해 한센병 환자에게 무료 진료를 했고요."

치문초등학교 뒤편에 사는 홍정자(전 치문초등학교 교사) 유구교회 은퇴 장로가 문중의 인물들을 얘기했다. 수대에 걸쳐 노블레스 오블리주를 실천한 명문가였다. 홍 장로 집 대들보에는 리본 크기만 한 '유강교회' 교우의 집 표식이 선명했다. '전화 479번'이라고 함께 적혀 있었다.

김병수는 만세운동 후 체포되어 서대문형무소에서 1년 3개월을 복역했다. 출옥 후 학업을 계속했고, 1921년 군산 야소교병원에서 인턴을 거쳤다. 이듬해 삼산의원을 개원했고, 개인재산을 털어 이리 광희여숙을 설립했다. 이 학교 운영에는 이리제일교회 등이 참여했다. 김병수는 1924년 장로가 됐다. 당시 신문은 "인품이 고결하고 단아한 크리스천으로 장로의 요직에 있어 교회를 섬기고 몸과 재산을 바쳐 여학교와 유치원 등을 경영하고 있으며…"(〈동아일보〉 1933년 2월 11일 자)라

■ 김씨 문중의 애국 운동을 증언하는 김씨 문중 며느리 홍정자 장로. 치문초등학교 교사였다.

고 전했다.

그러나 광희여숙은 일제의 강압으로 폐교됐다. 일제가 발악하던 1944년에는 일본기독교회라는 이름 아래 이리제일교회마저 인근 교회 등과 통폐합됐다. 김병수는 그 혹독한 시대를 학교와 청년단체(이리 YMCA) 설립 그리고 구제 활동을 하며 견뎌 나갔다. 체육구락부와 기계(棋界, 바둑)에서도 명성이 높았다. 기계는 '대구의 서병오, 익산의 김병수'라고 칭할 정도였다.

6·25전쟁 땐 군의관으로 활약

그는 해방 후 민족의 미래에 뜻을 두고 건국준비위원회(건준)·독립촉성회 활동을 했다. 건준이 설립 취지와 달리 인민위원회 성격으로 변

■ 김병수의 아들 김신기 부부. 한센병 환자를 위한 무료병원을 운영했다.(아산복지재단 제공)

하자 과감히 결별했다. 1947년에는 이리읍이 이리부로 승격하자 초대 부윤(시장)으로 시정을 총괄하기도 했다.

김병수는 1950년 6·25전쟁이 발발하자 부산 동래 제5군육군병원에서 군의관으로도 최선을 다했다. 수복 후 고향에서 구국총력연맹 위원장으로 국가 재건에 나섰다. 예수 평화가 그의 염원이었다. 하지만 결핵이 악화하여 1951년 별세하고 말았다. 이리제일교회 성도 등 수많은 사람의 염원 속에 장례가 치러졌다.

그 신앙의 피는 아들 김신기·며느리 손신실 의사 부부로 이어졌다. 이들은 인생 후반을 한센인 마을에서 죽겠다며 그들을 돌봤다. 그 공로가 인정돼 2014년 아산사회봉사상을 수상했다. 겨자씨만큼의 밀알은 이처럼 사랑의 나무가 되어 나고 진다.

김병수 장로(1898~1951)

1920년 2월 경성복심법원에서 보안법
　　위반 혐의로 실형을 선고받고
　　서울 서대문형무소에서 1년 3개월간 복역
1921년 세브란스 의학전문학교 졸업
1922년 익산에 삼산의원(三山醫院) 개원
1945년 8·15해방 후 건국준비위원회
　　부위원장으로 활동, 이리·익산 독립촉성회를
　　조직하고 위원장에 선출됨
1946년 대한독립촉성회 전북지부 부위원장,
　　세브란스 재단법인 이사에 선출됨
1947년 초대 이리 부윤에 취임
1950년 6·25전쟁 때 부산으로 피난,
　　제5육군병원에서 군의관으로 활약
1983년 대통령 표창 추서
1990년 건국훈장 애족장 추서

걸인·빈민 구제 애끓더니
스물넷에 스러지다

조선의 성자 방애인과 전북 전주

개화한 조선의 기독여성이 예수의 사랑을 세상 사람들에게 알리기
란 쉽지 않았을 것이다. 대개의 개화여성이 '모던 걸'로 불리며 한껏 멋
을 부릴 때 황해도 황주의 신여성 방애인(方愛仁)은 수재민을 위해 모금
을 하고 가난한 이웃을 보살폈다. "저 미모에 왜 독신으로 사는지 모르겠
다"고 주위에서 수군댔으나 "저는 주님께 바쳤습니다"라고 말하곤 했다.

'조선의 성자 방애인.' 이 알려지지 않은 한국 초대교회 기독여성은
기독교회사만이 아니라 현대 한국교육사와 사회복지사에 기록돼도 손색
이 없는 선각자다. 스물넷 나이에 요절한 기독청년이자 교사였고, NGO
활동가였으며, 사회복지사였던 지혜로운 여인. 고아와 병자를 돌보고 빈
민을 교육한 그녀였다. 고향은 경의선이 지나는 황해도 황주이고, 순직
지는 전라선(초기 선로)이 지나는 전북 전주다.

방애인이 알려진 것은 1934년 성탄절에 발행된 《조선 성자 방애인

■　전주서문교회 종탑과 본당. 방애인 선생은 서문교회 주일학교 교사로 활동하며 고아를 돌보는 사역도 했다.

소전》(성서연구사 간)의 역할이 컸다. 문고본 정도에 지나지 않은 이 작은 책자가 없었더라면 그저 밀알로 땅에 뿌려졌을 것이다. 하나님 상급만이 있었으리라.

《조선 성자 방애인 소전》은 그가 출석했던 전주서문교회 담임 배은희(1888~1966) 목사가 집필했다. 배 목사는 방애인이 시름시름 앓으면서도 부랑 나환자(한센병자)와 정신병자를 거두는 등 제 몸을 살피지 않는 헌신을 누구보다 잘 알고 있었다. 그러나 1933년 9월 배 목사가 강원도 선교 일정 중일 때 방애인이 숨을 거두자 더없이 비통해했고, 곧바로 집필에 들어가 '철필 기록'으로 남겼다. 이 책은 1948년 8월 15일자로 13판을 찍었다. 그리고 1978년 3월 복간본, 2002년 11월 현대어 번역본으로 발행됐다.

최근 이 조선의 성자 방애인의 자료를 찾던 중 귀한 사료 하나를 확인할 수 있었다. 1925년 8월 17일 자 〈시대일보〉 기사다. 현대어로 풀

■ 방애인 선생의 봉분 조성 후 전주 여자기독청년회원들이 묘소 주변에 모였다.

■ 전주서문교회 묘원에 있는 방애인의 묘.

■ 1929년 3월 2일 전주여자기독청년회원들과 함께한 사진. 앞줄 맨 왼쪽
이 방애인 선생이다.

면 다음과 같다.

경의선이 지나는 황주읍 황주장로교회에서 황주청년회를 비롯한
5개 사회단체가 수재민구제음악회를 개최했다. 최근 전국을 강
타한 폭우로 한 차례 연기됐던 이 음악회에는 수재민을 도우려는
관중이 입추의 여지없이 몰렸다. … 이날 음악회는 방애인, 임성
의 양의 풍금 연주, 유시청 군의 바이올린 독주, 차재익 군의 독
창이 이어졌다. … 장로교는 이날 수재의연금으로 10원을 냈다.

《조선 성자 방애인 소전》기록에는 "방애인이 평양 숭의여학교 3학
년 때인 1923년 학교 내 불상사로 인해 학우들이 사방으로 흩어졌고 방
애인도 부득이 개성 호수돈여학교로 전학해 1929년 3월 23일 최우등으
로 졸업했다"라고 되어 있는데, 이 기록에 따르면 방애인은 호수돈여학
교 재학 시절 수재민돕기 음악회에 출연한 것으로 추측된다.

구제하다 요절한 기독 교사 …
당시 신문 기사 처음 확인

전북 완주군 비봉면 소농리 비봉초등학교 뒤쪽 산자락, 전주서문교
회 묘원 가는 길은 휴양림을 걷는 것처럼 길 양쪽이 울창하다.

그 묘원의 방애인 묘소에선 간절한 기도가 이어졌다. 전주 YWCA
임경진 사무총장과 전주 YWCA청소년상담센터 김은진 국장이 있다. 방
애인은 전주여자기독청년회(현 전주 YWCA) 활동에 누구보다 열심이었
고, 요절 후 그의 묘소를 찾아 추도예배를 이어온 이들도 여성 기독청년

들이었다. 지금도 전주에선 '방애인선생기념사업위원회'가 운영되고, 위원회 등이 중심이 되어 '방애인봉사단', '방애인봉사상', '조선 성자 방애인 뮤지컬' 등으로 방애인의 정신을 기린다.

임 총장이 기도가 끝난 후 풍화된 비문을 읽어 내렸다.

"'선생은 교육자요 전주여자기청(여자기독청년회)의 중진이요 고아 구호의 공적자이다….' 우리는 여느 때보다 풍요롭게 사는데 정작 사람들은 사랑에 굶주려 있어요. 이런 시대에 하나님의 긍휼을 실천하려 했던 선생의 정신이 더욱 절실해질 수밖에 없어요."

방애인 묘지는 그가 섬기던 전주서문외교회(현 전주서문교회)와 기전여학교(현 기전여중·고교 및 기전여대)에서 30킬로미터가량 떨어져 있다. 별세 직후 전주화산공동묘지(전주시 중화산동)에 묻혔으나 도시정비에 따라 이장됐다.

방애인은 방중일, 김중선 부부의 장녀로 태어나 어머니와 할머니의 기도 가운데 신앙 안에서 자랐다. 그의 조부 방흥복은 자선사업을 많이 해 지역 사회에서 꽤나 알려진 사람이었다. 방애인은 황주양성학교(1915년 설립)에 들어가 신학문을 배웠다. 미션계통의 학교다.

방애인은 총명했고 규칙을 잘 지켰다. 전교 최우등 성적으로 졸업한 그는 곧바로 북서지방 제일로 꼽히는 평양 숭의여학교에 진학했고, 여기서도 생활과 성적 모두 모범을 보였다. 개성 호수돈여학교에서도 늘 신앙 안에서 반듯했다.

그는 호수돈여학교 재학 시절 채플 시간에 배은희 목사의 설교에 감화받아 친구 정임(《조선 성자 방애인 소전》 기록)과 함께 배 목사와 연락을 주고받았고, 학교 졸업 후 배 목사의 간곡한 요청에 따라 전주 기전여학교 교사로 정임과 같이 부임하게 된다.

- 일제강점기 '방애인 선생'이 부임해 학생들을 가르쳤던 전주 기전여학교. 지금은 기전여중·고교와 기전여대가 됐다. 사진은 기전여대 본관으로, 경사지붕 박공 부분의 타일 모자이크 성화가 미션스쿨임을 말해 준다. 앞의 조형물은 이 학교 출신 양궁선수들의 올림픽 메달 획득을 기념해 설치한 것이다.

- 기전여학교 학생들이 학교를 나와 서문교회 예배 참석을 위해 전주천 변을 걷고 있다. 교회는 전주천 건너 맞은편에 있었다.

그는 부임 후 전주의 첫 교회인 서문외교회에 출석하며 이 교회가 인근 마을 뒷골과 바구말에 세운 유년 주일학교에서 아이들을 가르치고 전도했다. 전주서문외교회는 미국 남장로회가 전주선교부를 설립한 후 1897년 전주천변에 세운 교회다. 전주천 건너편의 전주예수병원, 신흥학교(현 신흥중·고등학교 및 예수대)와 기전여학교 등도 연이어 설립됐다. 전주성 서문 밖은 선교타운이었던 것이다.

방애인은 교사 부임 후 학교 수업을 마치면 거리로 나가 걸인과 빈민을 돌봤다. 단정했고 경건했으며 늘 성경을 읽었다. 문제가 발생하면 기도로 풀었다. 교회를 비난하는 청년들을 '미신'으로 볼 만큼 신앙의 자세가 굳건했다. 그가 남긴 일기의 한 대목이다.

> 처음으로 신의 음성을 듣는다. 눈과 같이 깨끗하라. 아아 참 나의 기쁜 거룩한 생일이다.(1930년 1월 10일)
> 어디에선가 손뼉 치는 소리로 세 번 부르는 음성을 듣고 혼자 신성회에 가다. 아아 기쁨에 넘치는 걸음이다.(1930년 1월 11일)

영적 충만을 얻은 그는 전도와 구제에 더욱 열심을 냈다.

"어느 날 길가에 많은 사람이 둘러섰다. 할머니 정신병자를 에워싼 사람들이 놀리며 떠들었다. 노파는 반항과 저주로 중얼거리면서 슬퍼하였다. 이를 본 애인 양이 병자 곁으로 고요히 가서 울면서 손을 잡아 인도하였다. 둘러선 구경꾼들도 감격의 눈물에 젖었다. 애인 양은 그를 학교 부근 강필남 씨의 집에 데려다 두었다."(배은희, 《조선 성자 방애인 소전》)

이를 뒷받침하는 방애인의 일기.

불쌍한 할머니를 수남이 어머니 댁에 두고 목욕시키고 새 옷을 입히고 식비를 담당하기로 하다.

그런데 이 할머니의 광기가 통제 불능이었다. 수남이 어머니가 당장 나가라고 하자 "나는 너무 할머니가 가엾어 하나님께 눈물로 기도했다" 라고 적었다. 그리고 "아아 이는 나의 짐이다. 그러나 주께서 맡으시니 나는 평안하다"라고 마무리했다.

이런 자세는 교회 전도실에 고아를 데려다 입히고 재워 전주고아원 설립으로 이어진다. 병원이 감당 못하던 정신병자와 나환자에 대한 보살핌과 영적 위로로도 계속됐다. 방애인은 고아원 건축에 따른 기부금 마련 중에 은혜와 고난이 있을 때마다 40일 금식기도로 하나님을 찾았다.

와중에 전주 지방에 큰 수재가 났다. 전주천변(현 다가공원 주변)에

■ 일제강점기 전주고아원. 방애인 선생이 전주서문교회 |전도실에서 시작했고 전주 YWCA가 운영했다.

수재민 위주의 빈민굴이 형성됐다. 방애인은 수중에 돈이 없어 그들을 도울 수 없었다. "(빈민굴 사람들은) 마치 술, 담배, 아편, 기생을 위해 사는 것 같다"고 한탄하면서도 자기 시계와 만년필을 팔아 가난한 이들을 먹이고 전도했다.

병든 노파 광기에도
"주께서 맡으시니 나는 평안하다"

교사로서 본분에도 소홀함이 없었다. 김시은이라는 학생이 미국 조선인교회에서 시무하는 목사 아버지로부터 연락이 없어 슬퍼하자 "시은이의 눈물을 닦아 주고 위로한 후 간절히 기도했다. 몇 날이 못 되어 평안하다는 편지가 왔다. 아아 얼마나 기쁘냐. 감사합니다. 내 주여"라며 행복해했다. 그는 표를 그려 졸업생까지 적은 뒤 그들을 위해 기도했다. 여성 기독청년회원들과는 야학(현 전주 서신동 감나무골)을 세워 가르쳤다.

그는 기도와 헌신에 열심이었으나 먹는 것을 주저했다. 자기 입에 들어가는 것조차 아까워했기 때문이다. 이로 인해 병색이 짙어졌다. 그럼에도 1933년 4월 그는 전주서문외교회 여자조력회에서 "살 터이냐, 죽을 터이냐"라는 제목으로 설교해 잠자는 영혼들을 흔들었다.

방학에도 집에 오지 않고 시집도 안 가는 딸을 걱정하는 부모의 편지를 받고 "불효한 딸을 아무 염려 마시옵소서. 저는 주님을 위하여 살 수밖에 없습니다. 독신으로 병이 나더라도 선을 행하고 하나님만 의지하고 살면 외롭지 아니합니다"라고 답할 정도로 구령(救靈)에 힘을 쏟았다.

방애인은 그해 9월 16일, 열병으로 숨을 거뒀다. 수십 명의 소복(素服) 여인들이 나서서 상여를 멨다. 그에게 사랑받았던 고아, 문둥병자, 학생들이 뒤를 따랐다. "예루살렘의 딸들아 나를 위해 울지 말고 너희와 너희 자녀를 위해 울라"는 말을 안고 방애인은 공동묘지에 평안히 누웠다.

방애인(1909~1933)

1921년 양성학교 졸업,
　평양 숭의여자고등보통학교 진학
1923년 개성 호수돈여자고등보통학교로
　전학
1926년 호수돈여자고등보통학교 졸업
1926년 4월~1929년 전주 기전여학교 교사
1930년 1월 10일 '신의 음성'을 듣는 체험
1931년 9월 전주 기전여학교의 요청으로 전주로 내려감
1931년 12월 전주 서문교회와 인접한 윤락가에
　기생집 한 채를 구입하여 고아원 개원
1999년 완주군 비봉면 전주서문교회 묘지로 이장
1934년 배은희가 쓴 《조선 성자 방애인 소전》 출간

《조선 성자 방애인 소전》을 펴내 널리 알린 신앙 스승, 정치가 배은희 목사

배은희 목사는 경북 달성(현 대구 달성) 출
신으로, 평양신학교 졸업 후 달성·경산·
청도에서 선교활동을 펼쳤다. 이후 전주
서문교회에 부임하여 유치원과 무산아야

학(無産兒夜學)을 개설하고 전북 지역 전도에 힘썼다. 신간회 전주지부장으로 민족주의운동에 앞장서기도 했다.

그는 신사참배 거부로 한때 사임하고 고난을 당했다. 해방 후 전북치안대책 위원장을 맡기도 했다. 1951년 경북 달성 국회의원 보궐선거에서 당선돼 정치가의 면모를 보이기도 했다.

《조선 성자 방애인 소전》 13판 서문에서 그는 "기독청년에게 희생은 사랑이다"라며 "청년들이 조선 교회를 살리자"라고 역설했다. 조국은 방애인 양과 같은 희생자를 부른다며 십자가의 더운 피를 강조했다.

교회에서 성장한 혁명음악 작곡가, 중국의 별 되다

음악가 정율성과 광주 정율성로

광주광역시 남구 3·1만세운동길에 114년 전통의 광주양림교회가 있다. 1892년 조선 선교에 나선 미국 남장로회 선교사 7인이 전주·군산·목포 선교부를 잇달아 열었다. 당시 전남 중심 도시 나주 읍성에도 선교부를 개설하려 했으나 유림 등의 완강한 반대로 실패하고 말았다.

미국 선교부는 이에 굴하지 않고 나주 외곽이라 할 수 있는 광주군 효천면 방림리(현 광주광역시 양림동) 양림산 기슭에 양림교회를 세우는데, 이것이 지금의 '양림문

■ 광주광역시 남구 3·1만세운동길과 주변

■ 1930년대 광주양림교회와 교인들

■ 6·25전쟁 후 중국에서 음악활동을 하던 때의 정율성

화마을'의 뿌리가 된다. 오늘날 기독교인들은 이 마을을 '선교사타운'으로 부른다. 근대도시 광주는 바로 이 양림동을 중심으로 확장되고 발전돼 왔다.

한국기독교장로회(기장) 광주양림교회 앞 사거리. 북쪽 방향은 '정율성로'이고 남쪽은 '오방로'다.

정율성(鄭律成)은 양림동 태생으로, 중국에서 활동한 음악가다. 그가 작곡한 〈팔로군대합창〉 중 "팔로군행진곡"이 중국 "인민해방군가"로 비준받았다. 그 때문에 정율성은 한국 사람보다 중국인이 더 추앙하는 인물이 됐다. 그는 1933년 항일운동하던 형들을 따라 상하이로 건너가 의열단원이 됐다. 항일전투에서 아군의 용기를 북돋기 위해 해방가 등을 작곡했다. 루쉰예술학교 음악학부에서 공부하기도 했다.

중화권 사람들 감성 일깨운 한국인 음악가

정율성과 그 형제들의 항일운동은 주목받지 못했다. 해방 후 그가 중국과 북한에서 음악활동을 했기 때문이다. 하지만 한·중 수교 등을 계기로 재조명 작업이 활발해지면서 '중화권 사람들의 감성을 일깨운 한국인 음악가 정율성'에 대한 재평가가 이뤄졌다. 정율성로 남쪽 끝, 즉 기장 광주양림교회 앞 사거리에 자리한 정율성 흉상이 시민의 발길을 잡는다. 흉상 뒤편, 아파트 단지와 도로 사이의 벽면에는 그의 음악적 연보와 악보를 새긴 '정율성거리전시관'이 조성돼 있다.

정율성로를 남쪽 방향으로 이어받는 오방로는 목사이자 독립운동가인 최흥종(1880~1966)의 호를 딴 거리다. 한국 최초의 한센인 수용시설 광주나병원 등을 건립한 그의 박애정신을 두고 사람들은 '빈민선교

■ 광주양림교회 앞 사거리에 있는 정율성 흉상

의 선구자'라고 칭했다.

정율성과 최흥종은 조카와 큰외삼촌 간이다. 또한 정율성의 둘째 외삼촌 최영욱(1891~1950년 추정)은 의사이자 정치가, 언론인으로 6·25전쟁 당시 인민군에 체포돼 처형당했다. 최영욱의 부인이며 정율성의 작은외숙모는 정신여고 교장 등을 역임한 기독교육자 김필례(1891~1983)다. 김필례의 오빠와 언니가 각기 독립운동가 김필순(1880~1922, 의사)과 김순애(1889~1976)다. 김순애의 남편은 독립운동가 김규식(1881~1950, 정치가), 이들의 조카가 독립운동가 김마리아(1891~1944, 기독교육자)다. 모두 믿음의 사람들이다. 광주 기독운동가 홍인화(원천교회) 권사는 "황해도 출신 김필례가와 최영욱가의 혼인은 호남 선교의 지형을 이뤘고, 이것이 오늘날 호남 통일운동의 배경이되고 있다"라고 설명했다.

음악가 정율성은 기독교인이든 비기독교인이든 그에 대한 호불호가 뚜렷하다. 국제정세와 이념의 온도차에 따라 평가가 달라지기도 한다. 그는 뛰어난 음악가임에 분명하나 사회주의계열 독립운동가였고, 해방 후 어찌됐든 공산주의자였다는 사실은 부인할 수 없다. 나라를 일본에 빼앗기지 않았다면, 분단이 없었다면, 항일혁명가 출신 음악가가 될수 있었을 것이다.

정율성은 미션스쿨 전주 신흥학교(현 전주 신흥중·고 및 예수대 전신) 3학년 때 세례를 받았다. 학교 생활기록부에 '수세(水洗)'라는 도장이 선명히 찍혀 있다.

구한말과 일제강점기 많은 조선 청년들이 선교사들이 세운 서구식 근대학교에서 기독교 교육을 받으며 성장했다. 기독교 교육의 바탕 아래 배출된 이들은 이승만, 김구, 여운형, 이회영 등과 같이 정치적 노선을 걷기도 하고, 의사 장기려 같은 성자가 되기도 했으며, 한경직·문익환 같은 목회자가 되기도 했다. 믿음이 흔들리고, 믿음이 퇴보하고, 믿음을 버리기도 하며 살아가는 이들도 적지 않았다.

정율성이 적어도 20세 전까지 신앙 안에서 성장한 것은 분명하다. 그의 가계도(아래 도표 참조)나 생활환경을 두고 볼 때 기독교적 가치관을 형성하는 데 결정적 역할을 했을 것이다.

그의 아버지 정해업은 1910년대 수피아여학교(현 광주 수피아여중·고) 교사였다. 누나 정봉은 역시 수피아여학교 음악교사였다. 광주 최초의 세례교인이자 한국인 목사 최흥종도 이 학교 교사였다. 최흥종은 20대까지 '최망치'로 불리던 악명 높은 건달이었다. 그는 1904년쯤 유진 벨(1868~1925) 선교사를 만나 회심하고 첫 신자가 됐다. 따라서 정해업이 최흥종의 영향으로 교인이 됐을 가능성이 높다.

1925년 1월 7일 자 〈기독신보〉에 따르면 정해업은 양림교회 건축헌

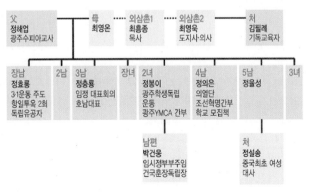

■ 정율성 가계도

금으로 20원을 낸 것에서 추측할 수 있듯 확실한 신앙인으로 보인다. 당
시 모금 총액이 2,500원이었으니 20원은 적지 않은 돈이었다.

1990년대까지도 정해업가의 독립운동 연구가 쉽지 않았다. 이념
문제 때문이다. 한데 1차 자료가 그나마 남아 있는 곳이 교회였다. 정율
성이 다니던 양림교회, 미션스쿨 광주 숭일학교(현 숭일고교), 수피아여
학교, 전주 신흥학교 등에 사료가 남아 생의 퍼즐을 맞춰 갈 수 있었다.

정율성은 숭일학교 시절부터 음악에 남다른 재질을 보였다. 그의 둘
째 형이 남겨 놓은 만돌린을 연주하는 재주가 남달랐다. 외삼촌 최흥종
집에는 축음기가 있었다. 누나는 음악교사였다. 아버지는 '깽깽이'만 켜
는 막내아들이 염려돼 이렇게 말했다.

> 음악도 쉬엄쉬엄 해야지. 나라 빼앗긴 신세에 어찌 밤낮 노래만
> 부르겠느냐. 너무 지나치지 않도록 해라. … 외적과의 싸움에도
> 최후 결전에는 북을 치고 나팔을 불며 승전고를 울렸단다. 한데
> 우리에겐 군가가 없구나.(조선의용군의 삶을 기록한《중국의 광활한
> 대지 위에서》중)

정율성은 신흥학교 시절 채플 시간을 통해 성가를 배웠는데, 이것
이 성악과 작곡을 하는 계기가 됐다. 당시 신흥학교에는 합창단과 밴드
부가 있었고, 기독청년회 주관으로 서문밖교회(현 전주서문교회)에서 음
악회가 자주 열려 정율성을 비롯한 학생들이 무대에 섰다. 1920년대에
작곡가 현제명이 그 학교 교사였다.

그러나 정율성은 신흥학교를 졸업하진 못했다. 1931년 아버지 별세
소식이 전해지자 광주로 내려왔고, 항일운동을 하는 형들을 대신해 집안

을 건사해야 했다. 그가 "작은 외삼촌 병원에서 주사 놓는 법을 배웠다"고 했는데, 바로 이 무렵이다.

외삼촌 최흥종 목사 등에게 깊은 영향받아

현재 양림동 정율성 생가는 기장 측 교회에서 250미터 지점에 있다. 그가 자란 집터는 교회에서 1킬로미터가량 떨어져 있다. 두 곳 모두 광주광역시가 표지석을 세워 관리하고 있다.

정율성을 연구한 이정한 TV다큐멘터리 작가는 "김칠례라는 할머니가 기억하는 정율성은 '공부한다고 상하이로 갔으며 그때 그의 형 정

■ 광주광역시 남구 정율성로 정율성 생가(오른쪽 담 안)를 방문한 광주대학교 학생들이 친구들을 안고 포즈를 취했다. 젊은이들 사이에서 유행하는 '공주놀이 사진찍기'이다. 왼쪽으로는 정율성이 다녔던 광주양림교회 첨탑이 보인다. 당시 교회 일대는 야트막한 동산이었다.

의은(의열단원)이 교회 청년 몇 명을 데리고 들어갔다'고 증언하더라"라고 채록했다.

'정율성로'를 방문할 당시에는 가로등마다 현수막이 나부꼈다. 광주시립오페라단이 주관하는 〈정율성 오페라 망부운(望夫云)〉 공연이 2018년 12월 7~8일 광주빛고을시민문화관에서 열린다는 내용으로, 정율성을 '광주 출신 중국 3대 혁명음악 작곡가'라고 소개했다.

정율성로 일대 양림문화마을 골목 곳곳이 순례길이다. 한국의 대표적 기독교문화콘텐츠로 가꿔 났다. 정율성의 신앙을 판단할 수 없다. 다만 격동의 시대에 기독교의 가치 속에 성장한 인물인 것만은 분명하다.

정율성(1914~1976)

1928년 광주 숭일학교 졸업
1929년 전주 신흥학교 입학
1933년 신흥학교에서 세례 받음
1933년 항일운동을 위해 중국 망명
1939년 "팔로군행진곡" 작곡(훗날 중국 인민해방군가)
1941~1944년 항일운동
1947년 북한 인민군 협주단장
1951년 이후 중국에서 음악활동
1966년 문화대혁명으로 수난

광주 양림교회는 셋이다?

광주 선교사타운(양림문화마을)에 미국 남장로회 광주선교부가 세운 첫 교회
는 양림교회인데, 현재 이 교회는 세 개나 된다.

원래 터에 있는 양림교회는 기장 측 양림교회이고, 인근에 위치한 나머지 둘
은 대한예수교장로회 통합 측과 합동 측 교회다. 1950년대 장로회 분열에 따
라 같은 이름의 장로교회가 양림동 안에 분립하면서 서로 정통성을 내세우
고 있다.

하지만 세월이 흐르면서 뿌리가 같음을 인식하고 세 교회가 강단 교류, 연합
찬양제, 교류연합회 운영 등으로 연대하고 있다. 양림동 기독교역사투어를

다닐 때 자신이 본 유구한 전통의 양림교회는 이런 역사를 모르면 3분의 1만

본 것이 될 수 있다.

■ 양림교회와 이강하미술관이 보이는 3·1만세
운동길. 고 이강하 화백의 아내(왼쪽)와 딸 가족이
길에 얽힌 근현대사를 설명했다.

죽창에 스러진
'믿음의 어머니'

순교자 문준경 전도사와 전남 신안 증도

해무가 좀처럼 가시지 않았다. 김승옥의 소설 《무진기행》에서처럼 바다 안개는 섬 증도를 감싸고 있었다. 증도 증동리교회의 시멘트 포장 마당도 해무를 머금고 있었다. 가난했던 시절 남도의 그냥저냥한 섬이었을 증도는 근년 들어 '슬로시티'라는 계관을 얻었다. 삶에 지친 도시인들에게 가난한 섬마을이 다정(茶亭)이 되었다.

전남 신안군 증도는 더는 섬이 아니다. 연육교가 들어서면서 뭍이 됐다. 병풍도, 소악도, 화도 등의 유·무인도를 포함한 33.62제곱킬로미터 면적의 면(面) 중심지가 증도다. 2014년 기준 1,679명이 산다. 근년들어 "한국의 가봐야 할 여행지" 2위에 꼽히기도 했다.

크리스천에게 증도는 손꼽는 성지다. 순교자 문준경(文俊卿) 전도사의 발자취 때문이다. 문준경은 일제강점기 암태도 소작쟁의 사건으로 유명한 신안 암태도 태생이다. 그는 17세에 증도 총각과 결혼하면서 구속

■ 문준경 전도사 순교기념관 전경

사적 삶을 살게 된다. 하나님께서 들어 쓰시려 한 것 같다.

신안군 증도면 문준경길 234에 위치한 '문준경 전도사 순교기념관'은 평일임에도 관광버스를 대절해 찾는 순례객의 발길이 이어진다. 개교회 중심으로 한 해 10만여 명이 찾는 기독교 최대 성지가 됐다.

2007년 기독교대한성결교회 전남동지방노회의 문준경 전도사 순교기념관 건립 청원으로 시작된 건설사업은 2013년 5월 12일 8,418제곱미터 대지에 본관(1,395제곱미터)과 생활관(1,084제곱미터) 각 1동을 지으면서 마무리됐다. 기념관은 불과 400미터 거리 해안의 순교지를 바라볼 수 있는 언덕에 자리한다.

추모석 '우리들의 어머니' 새겨

문준경은 한국 교회의 자랑스러운 순교자다. 구원의 확신과 이웃을 위한 희생으로 지상에서 '아름다운 죽음'을 맞았기 때문이다.

1950년 10월 5일 새벽. 증동리교회에서 800미터 떨어진 바닷가에 죽창과 총으로 무장한 내무서원들이 증동리교회 교역자 문 전도사를 내팽개쳤다. 그가 딸처럼 사랑한 30대 초반의 백정희 전도사와 함께였다.

내무서원들은 다름 아닌 인민군, 빨치산, 자생 공산당원들이었다. 유산계급과 미 제국주의자 타도를 외치던 자생 공산당원 대부분은 전쟁 전까지만 해도 한 마을에서 오순도순 살아가던 이웃이었다. 사탄의 이념 주입은 빠르게 공동체를 파괴했다.

"문준경, 새끼 많이 깐 씨암탉!"

그들에게 문준경과 백정희는 미 제국주의자의 앞잡이요, 종교라는 아편을 퍼뜨리는 인민의 적이었다. 특히 문준경은 증도를 중심으로 서

남해안 인민에게 아편을 퍼뜨리는 수괴였다.

새벽 2시. 익숙한 갯냄새와 해송 바람소리가 문준경의 코와 귀에 닿지 않았다. 죽음이 눈앞이었다. "새끼 많이 깐 씨암탉"은 "유대인의 왕"이라는 로마 군병의 모욕과도 같았다. 하지만 대속의 면류관을 쓰려던 문준경에게 저주가 담긴 말은 티끌조차도 되지 못했다.

그들은 죽창으로 그의 옆구리를 찔렀다. "한 군인이 창으로 옆구리를 찌르니 곧 피와 물이 나오더라"(요 19:34)고 했던가. 그 고통의 와중에도 문준경은 "제발 백 전도사만은 살려 달라"고 애원했다. 그리고 숨을 거두기 전 "하나님 아버지, 내 영혼을 받아 주시옵소서"라고 나지막이 말했다. 죽어 가는 목숨에 총대와 칼이 날아들었다. 처참했다. 확인

■　증동리교회

사살이 이어졌다. 단지 예수를 믿는다는 이유였다.

그 순교지는 교계와 지방자치단체가 협력해 관리하고 있다. 시신은 순교 직후 증동리교회 뒷산에 매장됐고 2005년 지금의 순교지로 이장됐다. 1964년 그의 신앙의 제자들은 '여기 도서(島嶼)의 영혼을 사랑하시던 문준경 전도사님이 누어 계시다'라고 새긴 추모석을 세웠다. 추모석 뒷면에는 이렇게 새겼다.

　…빈한 자의 위로되고 병든 자의 의사, 아해 낳은 집의 산파, 문맹퇴치 미신타파의 선봉자, 압해 지도 임자 자은 암태 안좌 등지에 복음 전도, 진리 증동리 대초리 방축리 교회 설립, 모든 것

■　순교터의 문준경 전도사 묘

을 섬사람을 위하였고 자기를 위하여는 아무것도 취한 것이 없었다. 그대의 이름에 하나님의 은총이 영원히 깃들기를. 우리들의 어머니.

그는 죽임을 당한 그 자리에 누워 있다. 부활의 때에 그 자리에서 일어날 것이다.

순교터에선 그가 개척했던 증동리교회 그리고 순교자기념관이 보인다. 그 뒤로 증도와 부속 섬들이 한눈에 내려다보이는 산정봉이 완만하다. 문준경은 생전 산정봉 정상에 올라 기도했다. 남편으로부터 사랑받지 못한 여인, 자식 없는 어머니, 시집 귀신 되라며 내치다시피한 친정, 문맹에 고달픈 시집살이, 더구나 예수쟁이….

문준경은 염전집 귀한 딸이었다. 그럼에도 서당교육은 남자들에게

■ 신학교 입학 직후 문준경 전도사(앞줄 왼쪽 두 번째)

■ 증도와 화도를 잇는 노둣길. 문준경 전도사는 썰물 때면 이 길을 따라 복음을 전했다.

만 해당됐다. 꽃다운 나이에 삼종지도(三從之道)의 길에 들어서야 했다. 부잣집 막내아들 남편은 결혼 초기부터 남과 다름없었다. 일본을 왕래하며 신문물을 접했던 남편에게 쪽진 머리의 아내는 구시대 여성이었을 것이다. 그는 홀로 시집살이를 하며 견디고 또 견뎠다.

시아버지는 문준경의 총명함을 알고 언문을 가르쳤다. 시아버지가 준 배움의 붓 한 자루가 유일한 희망이기도 했다. 여전히 남편은 외지를 나돌았다. 동네 사람들이 수군댔다.

스물일곱 살이 됐을 때, 가장 의지했던 시아버지가 세상을 떠났다. 삼년상을 치르고 시숙의 아들을 양아들로 삼아 사는 재미도 느꼈지만, 그가 결혼해 뭍으로 떠나고 나자 여전히 허전했다. 서른일곱 살 때 시어머니마저 죽자 그는 대처 목포로 나왔다. 그리고 북교동 단칸 셋방에서 삯바느질을 했다.

1927년 3월. 한 점잖은 부인이 삯바느질에 여념이 없는 그에게 "예수 믿고 구원 받으세요. 그래야 천국 갈 수 있답니다"라고 했다. "손님의 말은 하나도 못 알아듣겠으나 귀한 분이신 것 같아 뭔가를 알아보고는 싶습니다." 그가 답했다.

문준경은 목포교회에 나갔다. 장석초 목사가 시무하던 교회다. 장목사는 평생 고아 등 소외된 사람들을 돌본 목회자였다. 믿음이 생기자 문준경은 허무한 인생이 걷혔고, 죽지 못해 살았던 인생이 소망을 갖게 됐다. 이듬해 4월 세례도 받았다. 늦깎이 신자였다.

성령의 불길을 받은 그는 친정으로 향했다. 친정 식구들을 구원하고 싶어서였다. 화난 아버지는 수채 구정물을 퍼부으며 내쫓았다. 하나도 슬프지 않았다. 각오한 사도의 길이었다.

그는 목포교회 전도왕으로 불렸다. 지도와 압해도 등을 다니며 복

■　1935년 문준경 전도사가 세운 증도 대초리교회. 현재 증도와 범증도 권역엔 11개 교회가
있다. 모두 문 전도사의 손길이 닿은 회중이다.

음을 전했다. 영적 기갈이 든 그는 1931년 5월 서울 아현동 경성성서학원(서울신대 전신)에 입학했다. 거기서 영적 스승 이성봉(1900~1965, 부흥사) 목사를 만난다.

신학교 입학 이듬해 문준경은 임자도에 진리교회를 설립했다. 임자도에는 남편과 새가족들이 살고 있어 박해가 심했지만, 그들마저 안고 구원의 길로 같이 가고자 했다. 진리교회는 이판일과 그 아우 판성 씨가 기둥이 돼 주었다. 1950년 10월, 각기 장로와 집사였던 두 사람은 가족 11명, 교인 35명과 함께 순교했다.

일제가 식민통치의 강도를 날로 강화하던 1935년 2월, 증동리교회를 세웠다. 3월에는 대초리교회, 이듬해 재원리, 방축리, 우전리에 기도처를 열었다. 그러나 1943년 말 일제는 모든 교회를 강제해산했다.

■ 화도교회 옆 폐교의 이승복상. 문준경은 '아해'를 늘 품었다.

1945년 해방과 함께 증동리교회를 되찾기 위해 경방단(警防團)과 지난한 싸움을 해야 했다. 경방단은 일제가 방공(防空)을 이유로 세운 전국적 친일 민간조직이다. 그들은 교회를 경방단 사무실로 썼다.

제자들에 의해 발굴된 순교자

문준경 생애의 절정은 반경 1~2킬로미터 내에 있는 순교터, 증동리교회, 순교자기념관, 산정봉 정상 기도바위이다. 그는 남성 목회자 중심의 근현대기에 여전도사였기 때문에 묻힐 뻔한 인물이다. 남도 섬 구석의 여전도사 순교를 아무도 깊이 들여다보지 않았다.

하지만 극적으로 살아남은 백정희 전도사와 마을 사람들의 증언, 경방단과 벌인 소송에서의 교회개척기 진술서 등이 '신화화'의 우려를 불식시키고 신앙의 역사가 됐다. 이성봉, 이명직, 장석초, 김응조 목사 등 성결교의 스승들, 그 지역 신앙의 제자 김준곤(1925~2009, 한국대학생선교회 설립자), 이만신(1929~2015, 부흥사), 정태기(크리스찬치유상담대학원대학교 총장) 목사 등의 생생한 증언도 큰 역할을 했다.

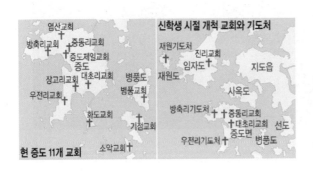

■ (왼쪽) 현 증도 11개 교회 (오른쪽) 문준경 전도사의 신학생 시절 개척교회와 기도처

산정봉 기도바위. 누군가 마른 솔가지를 주워 바위 위에 십자가 모양으로 두었다. 문준경 전도사가 고난받는 형제와 나라를 위해 기도하던 딱 그 장소다. 그 봉우리에선 멀리 한반도 지형과 꼭 빼닮은 숲이 보인다. 저 숲을, 에스더와 같은 지혜와 담대함으로 살았던 문준경도 봤을 것이다.

문준경(1891~1950)

1931~1936년 경성성서학원에서 공부
1932년부터 신안군 지역을 순회하며
　여러 교회를 설립
1943년 신사참배 거부로 목포경찰서에
　끌려가 고문당함
1950년 10월 5일 순교
2005년 문준경 전도사의 순교 현장으로
　묘를 이전
2013년 문준경 순교기념관 개관

❖

제자 목회자의 증언…
"신자·불신자 안 가리고 치유"

김준곤: "소화제니 먹으라고 주시고 때로는 아픈 부위를 만지시며 할머니가
손자의 배를 쓰다듬듯 하셨습니다. 그때 기도하는 모습이 제 마음에 확 박혔
습니다. '이 자매는 돈도 없고, 약도 없고, 여기는 병원도 없습니다. 그러니 하
나님께서 직접 고쳐 주십시오'라고 하셨죠. 신기하게 낫습니다. 신자 불신자
가리지 않고 치유하셨습니다."

이만신: "어려서부터 이모할머니 문준경 전도사의 사랑을 많이 받았습니다.

늘 가까이에서 뵈면서 그분의 신앙 지도를 받으며 성장했습니다. 제가 목회자가 된 것도, 그분의 영성이 자리했던 것임을 느낍니다."

정태기: "문 전도사는 정씨 문중 어른인 제 할아버지께 인사 드리러 우리 집에 자주 들렀습니다. 어린 시절 그를 만나면 울다가도, 시무룩하다가도 웃음으로 바뀌었습니다. 그가 계시는 동안 전 어른들 눈치에서 자유로울 수 있었습니다. 하지만 초등학교 6학년 어느 날 저녁 무렵 우리 집에 들렀다가 몇 시간 후 순교하시고 말았습니다."

조선총독부 관리 딸이 사랑한
'거지 대장' 전도사

공생원 설립자 윤치호·윤학자와 전남 목포

1919년 1월 21일. 나라를 지키지 못하고 일본에 국권을 빼앗긴 왕 고종이 승하했다. 일본인에 의한 독살이라는 소문이 퍼졌다. 경술국치로부터 9년 뒤의 일이다. 그해 2월 대한청년단이 김규식을 프랑스로, 여운형을 러시아로, 장덕수를 일본으로 보내 독립운동을 독려했다. 최팔용 등 일본 유학생 600여 명은 도쿄 조선기독교청년회관에서 독립선언서를 발표했다. 2·8독립선언이다. 그해 3월 1일, 민족대표 33인은 서울 태화관에서 독립선언서를 낭독했다. 전국 각지에서 독립만세운동이 들불처럼 일었다. 4월 들어 유관순이 독립만세운동을 주도하다 체포됐고, 중순엔 제암리교회 학살사건이 일어났다. 이른바 3·1운동을 계기로 민족교회 중심의 저항의 역사가 본격화됐다.

■ 옛 일본영사관 건물. 지금은 목포근대역사관으로 활용되고 있다. 건물 앞에 '목포 평화의 소녀상'이 있다.

총독부 관리 딸, 조선 고아 돌보다

그해 봄, 목포는 일본제국주의의 수탈 전진기지가 됐다. 호남평야
의 쌀을 일본으로 실어 나르기 위해 신식 항구가 들어섰고, 근대 도시
가 형성됐다. 인구 5만 명. 모던 걸과 모던 보이가 넘쳤다. 목포 출신 소
설가 박화성(1903~1988)은 〈추석전야〉에 "남편(南便)으로 즐비한 일인
의 기와집이요…동북으로 수림 중에 서양인 집과 남녀학교와 예배당이
솟아 있는…"이라고 표현했다. 그만큼 '모던'했다. 그러나 북편, 즉 조선
사람 사는 곳은 "도야지막 같은 초막들이 산을 덮어 완전한 빈민굴"이
라고 묘사했다.

■ 윤학자 탄생비. 일본 고치
현 고치 시에 있다. '한국 고아
의 어머니 다우치 치즈코(田內
千鶴子, 윤학자의 결혼 전 이름) 생
탄지지(生誕之地)/ 이곳에서 서
쪽으로 약 600미터'라고 새겨
져 있다.

그 격동의 1919년. 일본 시고쿠(四國) 고치 현(高知縣) 출신 여덟 살 소녀가 부산을 통해 목포항에 도착했다. 조선총독부 목포부청 관리인 아버지 근무지에서 살기 위해 어머니와 조선에 온 것이다. 다우치 치즈코(田內千鶴子), 한국명 윤학자(尹鶴子, 1912~1968). 고치교회 2대째 신앙가였다.

같은 해 전남 함평군 옥동마을. 열한 살 소년 윤치호(尹致浩, 1909~1951?)는 몰락한 양반 자제로 곤궁에서 헤어 나오지 못하고 있었다.[정치가·교육자·사상가·언론인·종교가 '윤치호(尹致昊, 1865~1945)'와 다른 인물이다.] 윤씨 문중 땅은 다카다라는 일본 지주 손에 넘어가 그의 부모는 소작조차 떼이고 말았다. 소년은 읍내에서 장돌뱅이를 하다

■   윤치호와 윤학자의 결혼 사진

대한독립만세를 외치며 잡혀가는 사람들을 목격했다. 모두가 숨을 죽였다. 그가 다니던 옥동교회 교인들은 구국기도를 이어갔다. 옥동교회는 미국 선교사 줄리아 마틴(마 부인, 한국명 마율리) 여사가 세웠다. 그렇게 소녀와 소년은 '식민지의 땅'에서 자랐다. 그들의 유일한 공통점은 교회에 열심히 다닌다는 것이었다.

1938년 10월 15일 목포 공회당(현 목포상공회의소)에서 결혼 예배가 있었다. 목포 일본인교회 후루가와 목사의 주례로 윤치호와 치즈코가 하나님 앞에 서약했다. 두 사람의 결혼은 목포뿐 아니라 경성에서도 화제가 됐다. '거지대장'으로 불리던 전도사와 총독부 관리 딸의 결혼이기 때문이다. 치즈코의 일본인 친구들은 "미쳤다"고 했다.

당시 윤치호는 고아를 한데 모은 '공생원(共生園)'에서 사역 중이었다. 치즈코는 목포고등여학교를 나와 미션스쿨 정명여학교에서 교편을 잡은 전직 음악교사였다.

두 사람은 이태 전 치즈코가 공생원에 봉사 나오면서 알게 됐다. 시설 운영자인 윤치호 전도사는 버려진 조선 어린이들을 씻기고 먹이는 치즈코에게 반했지만, 신분이 달라 사랑을 고백할 수 없었다. 치즈코는 그때 아버지가 죽고 조산원인 어머니와 함께 살고 있었다.

그런데 치즈코가 시름시름 아팠다. 의사는 부인질환으로 평생 아이를 낳을 수 없다고 했다. 신실한 크리스천이던 모녀는 하나님께 의지해 매달렸다. 그 무렵 정명여학교 선배 교사가 치즈코에게 공생원 봉사를 권했다.

한편 윤치호의 신앙과 총명함을 높이 산 마 부인은 그를 양자로 삼고 서울 피어선고등성경학원(현 평택대 전신)에 진학시켰다. 윤치호는 종로 YMCA에서 한용운의 강연을 들으며 민족의식이 고취됐다. 선교사들과 유대가 깊은 윤치호는 일제 경찰의 감시 대상이었다.

윤치호는 신학교를 졸업하고 전도사가 돼 고향과 목포에서 노방전도로 복음을 전했다. 소방차 앞에서 "지옥불을 꺼야 하는 것을 왜 모르느냐"고 소리칠 정도로 열정적이었다. 이에 관헌들이 "천조대신(天照大神)이 있는데 조센징이 왜 외국 신을 믿느냐"며 핍박했다.

그 무렵 목포에는 유진 벨 선교사의 사역에 힘입어 양동교회 등 5개 교회, 영흥학교와 정명여학교 등 미션스쿨에서 크리스천 리더를 길러냈다.

어느 해, 마 부인이 본국으로 떠났다. 선교 자금이 부족했던 윤치호는 목포부 호남동에 나사렛목공소를 차렸다. 노방전도는 계속됐고 일경은 그를 못마땅하게 여겨 툭하면 유치장에 가뒀다. 특히 선교사와 엮어 독립운동 배후를 대라며 고문하기도 했다.

1920년대 후반. 윤치호는 북촌 초가집으로 가기 위해 불정대라는 다리를 건너다 거지 소년들을 발견한다. 추위에 떨고 있는 그들을 통해 그는 하나님의 인도하심이 무엇인지 비로소 깨달았다. 그날도 노방전도 등의 이유로 유치장 신세를 지고 나온 때였다. "내가 주릴 때 너희가 먹을 것을 주었고…헐벗었을 때 옷을 입혔고…작은 자 하나에게 한 것이 곧 내게 한 것이라."(마 25:35-40) 그는 5~10세 아이들 7명을 데리고 집으로 갔다. "그래 같이 살자." 공생원의 시작이었다.

1930년 발행한 《목포부사(府史)》는 공생원이 1927년 11월 1일 상반정이란 곳에서 집을 빌려 시작됐다고 전한다. 윤치호는 7명의 아이들을 어떻게든 걷어 먹였다. 거지대장은 자연스러운 호칭이 됐다. 한국 교회 자생적 아동복지는 그렇게 국경, 민족, 신분, 이념을 넘어 오직 사랑으로 시작된 것이다.

그러나 1945년 광복 후, 이들 부부는 현대사의 격동에 휘말렸다. 신앙이 아니고선 이겨 낼 수 없는 일들이 벌어졌다. 광복 후 치즈코는 쫓겨 고향으로 돌아가야 했고, 윤치호는 친일로 몰렸다. 하지만 원생과 시민은 "아니요, 그는 아니요"라고 했다. 이에 용기를 얻어 치즈코는 목포로 돌아왔다. 그러나 6·25전쟁이 터졌다. 인민군은 부부를 미국 선교사 앞잡이로 몰았다. "아니요, 그는 아니요." 부부는 울었다. 이번엔 국방군이 공산부역자로 몰았다. "아니요, 그는 아니요." 역시 원생과 시민이 살렸다. 부부는 하나님 손길에 울고 또 울었다.

1951년 전쟁통. 고아원에 먹을 게 끊기자 윤치호는 광주 전남도청을 찾아 도움을 청하기 위해 목포역에서 기차를 탔다. 치즈코가 배웅했다. 그것이 부부의 마지막이었다. 윤치호는 도청 업무를 마치고 여관에 묵었는데 건장한 청년들에 의해 끌려갔다는 게 최후 목격담이다. 빨치산에 희생됐다는 소문만 무성했다.

치즈코는 절망할 수 없었다. 당장 300여 명 아이들의 생계가 급했다. 그는 새벽기도로 시작해 닥치는 대로 일했다. 늘 검정치마에 흰 저고리였다.

근대 복지사역자 윤치호, 재조명 필요

주일 아침 목포 죽교동 바닷가 공생원. 어린이와 중고생 30여 명이 주일 예배를 드리고 있었다. 앞가림을 못하는 아이들은 교사들이 안고 예배에 함께했다. 청소년기를 공생원에서 보낸 조영찬 목사(목포함께 교회)가 "생사화복"이란 제목의 설교를 했다. "환경을 쳐다보면 자꾸 불신앙에 빠지니 생사화복을 주관하시는 하나님을 붙들라"고 권면했다.

■ 1933년경의 공생원과 원아들

■ 일제강점기 공생원을 도왔던 목포중앙교회 옛 예배당. 1930년대 지은 일본 불교사원이었다. 지금은 등록문화재다.

예배 후 아이들은 숙사로 가거나 원내 놀이터 등에서 놀았다. 윤치호·윤학자 흉상이 서 있는 '사랑의 가족 기념비'에 올라가 카메라를 향해 재롱을 피우기도 했다. 이렇게 90여 년간 4천여 명의 아이들이 예수의 사랑 안에서 양육됐다. 현재는 60여 명이 생활한다.

부부는 불행한 한·일 관계를 예수의 사랑으로 넘은 이들이다. 윤학자는 1960, 1970년대 한국 정부와 일본 정부로부터 상을 받았다. 일본 국민이 마더 테레사만큼이나 존경하는 인물이다. 윤학자의 장례식은 목포시민장으로 치러졌다. 3만여 명이 운집했다. 이제 근대 복지사역자 '윤치호 전도사'에 대해서도 한국 교회가 고민하고 기릴 때가 됐다.

■ 주일 예배를 마친 어린이들이 전남 목포시 죽교동 공생원 '사랑의 가족 기념비' 앞에서 놀고 있다. 뒤로 유달산이 보인다. 이 기념비는 공생원을 퇴소한 원생들이 방문했을 때 "어서 오라"는 의미를 두어 세웠다.

윤치호(1909~1951)

1924년 미국인 기독교 여선교사
　줄리아 마틴의 조수로 채용됨,
　경성부 피어선기념성경학원
　(현 평택대학교)에 입학
1927년 목포로 내려와 나사렛 목공소
　차림. 양동교회 전도사로 활동
1928년 공생원 설립
1938년 10월 15일 다우치 치즈코와
　결혼
1951년 1월 26일 전남도청에 식량
지원을 요청하러 광주에 갔다가 실종

■　윤치호·윤학자 부부와 자녀들. 맨 왼쪽이 유업을 잇는 큰아들 윤기 숭실공생복지재단 명예회장이다.

윤학자(1912~1968)

1919년 목포시청 관리로 부임한 아버지를 따라 목포로 이주
1931년 목포고등여학교 졸업
1932년 목포정명여학교에서 음악교사로 근무
1936년부터 공생원에서 봉사활동
1938년 10월 15일 윤치호와 결혼
1963년 8월 15일 문화훈장 국민장 수상
1968년 5월 8일 장한 어머니상 수상
1967년 일본 정부로부터 남수포장(藍綬褒章) 받음
1995년 그녀의 이야기를 다룬 한일합작영화 〈사랑의 묵시록〉이 만들어짐

공간 구성으로 보는 공생원 역사

목포 공생원 공간 구성은 예수의 사랑을 담은 한일 관계의 비전이다. 한 일본인의 범인류적 사랑이 녹아든 곳이다. 윤치호·윤학자 부부의 아들 윤기(尹基) 숭실복지공생재단 명예회장 겸 일본사회복지법인 마음의가족 이사장은 일본에서 사랑을 베푼다. 그는 도쿄, 교토 등 네 곳에 예수공동체 노인시설 '고향의 집'을 운영하고 있다.

① 교회(1949). 윤치호가 고아들과 기도로 지었다.
② 아동숙사 오사카 사랑의 집(1975). 일본 오사카 시민 모금으로 건축.
③ 창립 20주년 기념비(1949). 목포 죽교동 주민들이 정성을 모아 건립했다.
④ 사랑의 가족 기념비(2003). 목포시가 시민 성금으로 세웠다.
⑤ JAL 하우스(1971). 1969년 NHK 방송을 통해 공생원이 소개된 후 일본항공회사(JAL) 사장이 기증했다.

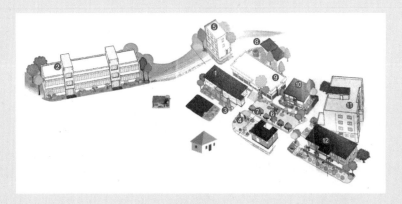

■ 목포 공생원 조감도

⑥ 어머니의 탑(1970). 한국 언론사가 세운 현창비.

⑦ 매화나무(2000). NHK 방송을 본 오부치 게이조(小淵惠三, 1937~2000) 일본 전 총리가 이곳을 방문하고 심었다.

⑧ 사랑의 샘(1937). 원내 샘. 물이 귀하던 시절, 선원과 주민들이 이용했다.

⑨ 옛 대일식당(현재 사무실, 1975). 1970년대 320여 명의 원아가 3교대 식사하는 것을 안타까워 한 오사카 자강관 요시무라 이사장의 기부로 건립했다.

⑩ 숙사(1951). 일본 교회의 지원을 받아 완공했다.

⑪ 윤치호관(2015). 국가보조금과 후원자 성원으로 완공된 아동숙사.

⑫ 윤치호·윤학자 기념관(1961). 석조 건물. 6·25전쟁으로 건축이 중단되었다가 완공 후 어린이 숙사로 사용했다. 목포시 문화유산 제1호.

■ 목포 공생원 전경

순회목회 나선 아버지의 자전거,
동요가 되다

독립운동가 목치숙 목사·
동요 작사가 목일신 부자와 전남 고흥읍교회

찌르릉 찌르릉 빗켜나세요/ 자전거가 갑니다 찌르르르릉/
저기 가는 저 영감 꼬부랑 영감/ 어물어물 하다가는 큰일납니다
찌르릉 찌르릉 빗켜나세요/ 자전거가 갑니다 찌르르르릉/
오불랑 꼬불랑 고개를 넘어/ 비탈길을 스스륵 지나갑니다
찌르릉 찌르릉 이 자전거는/ 울 아버지 사오신 자전거라오/
머나먼 시골길을 돌아오실제/ 간들간들 타고 오는 자전거라오
[동요 "자전거", 〈아이생활〉(1932)]

목일신(睦一新)이라는 소년이 있었다. 전남 고흥 흥양보통학교(현 고흥동초등학교) 5학년 때 이 어린이는 "자전거"라는 동요 가사를 지었다. 그리고 1932년 기독교 어린이잡지 〈아이생활〉에 발표했다. 전 국민 애창동요 "자전거"는 이렇게 창작됐다. 소년은 훗날 한국음악사에 길이 남

■ 고흥반도 중심교회인 고흥읍교회 석조예배당. 해방 후 일본 신사가 있던 자리에 세워졌다. 지붕 끝 비둘기(오른쪽 하단)가 인상적이다. 목치숙 목사는 이 교회에서 사역하고 아들 일신은 부설 유치원에 다녔다.

는다. 두산백과사전의 짧은 기록은 이렇다.

"한국의 아동문학가. 초등학교 5학년 때 동아일보에 동시 '산시내'를 발표하였고 30여 년 동안 교직에 종사하면서 많은 동요를 지었다. 대표작으로는 '누가 누가 잠자나' '자전거' 등이 있다."

아동문학가 목일신의 작품 중 우리 머릿속에 남는 또 한 곡의 동요는 '누가 누가 잠자나'다.

넓고 넓은 밤하늘엔/ 누가 누가 잠자나/
하늘나라 아기별이/ 깜박깜박 잠자지
깊고 깊은 숲속에선/ 누가 누가 잠자나/
산새 들새 모여 앉아/ 꼬박꼬박 잠자지
(1965년 교과서)

목일신은 근대 어린이음악과 근대 어린이문학의 선구자다. 일신(一新)이란 이름에서 알 수 있듯 그의 뿌리는 기독교 신앙이다. 그런데 그와 그의 아버지인 독립운동가 목치숙(睦致淑) 목사에 대해 연구된 것은 전무하다. 교회는 관련 기록물을 남기지 못했고, 신학대학 등 관련 기관은 연구에 소홀했다.

근·현대 한국 사회를 움직인 수많은 인재들이 기독교인이다. 마땅히 신앙의 모범으로 받들거나 공과(功過)를 평가받아야 할 인물들이다. 크리스천 인물을 탐사하며 느끼는 소회는 한국 교회가 무심해도 너무 무심하다는 것이다. 교권에는 민감하면서 선대의 유업은 등한시한다. 목치숙·목일신 부자의 삶을 좇는 과정에서도 그런 아쉬움을 감출 수 없었다. 이런 한국 교회가 각종 교과서에서 기독교를 홀대했다고 주장한다

■ 고흥동초등학교 운동장에 세워진 목일신 노래비. 고흥군은 매년 '목일신 동요제'를 연다.

면 어딘가 앞뒤가 맞지 않는다. 원사료가 부족한데 교과서 필진이 어떻게 반영한단 말인가.

순회목회를 위한 아버지의 '자전거'

부자를 통해 본 복음의 경로는 기독교가 근대 한국 사회의 변화에 어떤 역할을 했는지를 보여 준다. 전남 고흥군은 여수 서쪽 고흥반도 일대로, 한마디로 외진 곳이다. 1894년 3월 미국 선교사 레이놀즈는 드루 선교사와 함께 호남 선교를 위한 답사에 나선다. 인천항에서 증기선을 타고 군산항에 도착해 육로로 이동했다. 전주, 김제, 고창, 영광, 무안, 목포. 그리고 목포에서 다시 배편으로 진도, 완도, 거금도(현 고흥군), 흥양(현 고흥읍)에 이르렀다. 여기서 육로로 낙안, 순천, 여수까지 갔다.

■ 고흥문화예술회관 앞뜰에 세워진 자전거 모양의 동요비

266

고흥에 도착한 선교사 일행은 '양반촌에서 대접을 받았다'고 답사일기를 남겼다. 향토사학자들은 그 양반촌이 당시 고흥 세력가이자 고흥 최초의 기독교인이 된 신우구(1854~1927, 독립운동가) 가문이었을 것이라고 한다. 2차 답사는 1897년 전남 해안을 중심으로 유진 벨과 오웬 선교사에 의해 이뤄졌다. 레이놀즈, 드루, 오웬 등이 의·약학 전공자들이었으므로 한의사 신씨 가문과 호흡이 맞아 의료선교를 방편으로 삼은 것이다. 이들의 답사 경로 중 군산, 전주, 목포, 광주, 순천은 호남 선교의 거점이 됐다.

선각자 신우구는 목치숙 등 6명과 자신의 한약방에서 가정예배를 드렸다. 현 고흥읍교회의 시작이다. 신우구의 며느리는 독일 출신 서서평(엘리자베스 요한나 쉐핑, 1880~1934) 선교사의 양녀 곽애례다. 곽애례는 어머니 서 선교사의 뜻을 이어 전남 남동부 해안 일대 선교에 전력

■ 목일신은 1960~1980년대 경기도 부천시에 살았다. 부천중앙공원 내 목일신 노래비.

했다. 1930년대 화가 천경자가 고흥읍교회 유치원에 다녔다.

목일신은 아버지에 대해 배화여중 교사 시절 교지 〈배화〉(1974)에 이렇게 밝혔다. "당시 평양신학교 재학 중이던 아버지께서 돌연 학업을 중단하고 내려오셨는데, 까닭인즉 그때 기미년 3·1운동에 가담하시어 평양과 서울에서 목이 쉬도록 만세를 부르고 오신 것이다. 또한 지방에서도 만세를 선동하였다고 하여 드디어 3년 형의 감옥 생활을 치르셨는데, 출옥 후에도 어린 우리에게 때때로 나라를 빼앗긴 슬픔과 애국의 정신을 고취하여 주셨던 것이다."

목치숙에 대한 대구복심법원 판결문에는 "군중과 함께 조선독립만세를 고창할 것을 기획하고 작성한 선언문에 조선혈족동맹태업이라고 쓰고 조선의 독립을 기하는 시위운동을 책동"(1919년 7월 25일)했다고 기록돼 있다.

그는 1919년 4월 7일 고흥 장날 오석주(제헌 국회의원·목사) 등 예수교인과 만세운동을 벌였다. 또 출옥 후 고흥 YMCA 회장 등을 지내며 조선물산장려운동 등 항일운동을 멈추지 않았다. 목치숙은 보성읍교회, 고흥읍교회 등에서 사역했다.

목사 아버지에게 배운 동요쓰기

고흥동초등학교 교정. 1977년 제막된 '목일신 선생 노래비'가 교정 한구석에 초라하게 자리하고 있다. 고급 인조잔디가 깔린 운동장 트랙을 동네 주민들이 돌고 있었다. 고흥문화예술회관 뜰에는 자전거 모양의 동요비가 있다. 살아갈 날이 창창한 박지성 이름을 딴 공설운동장과 거리 이름이 초라한 노래비를 무색하게 한다. 앞서 찾은 경기도 부천시 부천

■ 고흥읍교회 뒤편 어린이공원 내 타일 작품. 고흥동초등학교 등 고흥 관내 어린이들의 작품이다.

중앙공원에는 '자전거' 동요비, 부천 도당공원과 부천 범박동 한 아파트 단지에는 '누가 누가 잠자나' 동요비가 목일신을 기리고 있다.

옛 고흥군청 뒤쪽으로 약간 올라간 곳에 위치한 고흥읍교회에는 그가 다녔던 유치원이 지금도 운영된다. 교회 뒷산은 어린이공원이다.

목일신이 흥양보통학교에 다닐 때 일제는 조선어 사용을 금지했다. 하지만 목치숙은 아들에게 우리말로 글을 지으라고 가르쳤다.

〈목일신 전집〉(소명출판, 2013)을 쓴 이동순 교수(조선대)는 "당시 어린이동요 부르기가 활발하게 이뤄진 곳은 교회 주일학교였다"라며 "우리말 사용이 금지된 시절 목일신은 아버지가 사다 준 어린이잡지를 보고 동요 쓰기를 통한 한글교육을 받았다"고 했다. 또 "그 무렵 민족적 울분을 표출할 길이 없었는데, 기독교 계통 어린이잡지 창간이 잇따르면서 문사(文士)들은 우회적으로 우리 정서를 동요로 풀어냈다"고 덧붙였다. 목치숙·목일신 연구는 이 교수의 책이 유일하다.

목일신 대표작 "자전거"에는 자전거를 타고 순회목회에 나선 아버지의 모습을 인상 깊게 본 소년 목일신의 순수한 감성이 담겼다. 1912년 무렵 미국 남장로회 순천선교부가 시작되면서 선교회 측이 순회 목회용 자전거를 목치숙에게 기증한 것으로 보인다. 요즘으로 치자면 자동차 한 대 값이었다. 목일신은 "나는 시오리나 되는 보통학교를 그 자전거를 타고 다니게 되었다. … 하루는 자전거를 타고 학교에 갔다가 집으로 와 지어 본 것이 동요 '자전거'다"라고 〈배화〉 교지에 남겼다.

그러나 그가 보통학교를 졸업하던 해 아버지 목치숙은 고문 후유증으로 투병하다 별세했다. 동시 "우리 아버지"는 그때의 아픔을 잘 나타내고 있다.

목일신은 순천 매산학교를 거쳐 전주 신흥학교로 전학한다. 순천과 전주선교부가 세운 대표적 미션스쿨이다.

한데 1929년 11월 광주학생항일운동이 일어나고, 이에 동조해 이듬해 1월 신흥학교에서도 시위가 벌어진다. 목일신은 이때 격문을 썼다. 격문을 등사한 유인물과 태극기를 든 학생들은 이내 일경에 체포되고 36명이 즉결을 거쳐 전주형무소에 이감됐다. 결국 목일신은 퇴학당했다.

대를 이은 항일운동 그리고 절필

그는 "감방 안에서 하루 한 장씩 주는 휴지를 아껴서 몇 편의 작품을 썼다"고 했다. "하늘", "구름", "꿈나라" 등이다. 목일신은 1930년대까지 왕성한 창작 활동을 했다. 〈동아일보〉와 〈조선일보〉 신춘문예에 동요가 당선됐고 민요 "명사십리", "뱃노래" 등을 써 콜롬비아 레코드에 취입하기도 했다. 그 무렵 일본 간사이대학도 졸업했다.

■ 목일신이 전주 신흥학교 재학 시절 잡지 〈어린이〉에 투고한 작품과 자신의 얼굴 사진

하지만 일제가 전시동원 체제에 들어가자 절필했다. 부친의 뜻을 저버리고 반민족행위를 하고 싶지 않아서다. 이때 이름난 동요 작가들이 훼절의 길로 들어섰다.

이후 그는 '천재적 작가'로 불리던 계관을 버렸다. 순천여중을 시작으로 목포여중, 이화여중, 배화여중 등에서 교편을 잡으며 일생을 보냈다. 운동을 잘했던 그는 1950년대 세계 정상급 선수들과 어깨를 겨루던 탁구선수 자매 위쌍숙·순자의 코치로 명성을 날리기도 했다.

그의 말년의 신앙적 흔적은 뚜렷하지 않다. 부천에 거주하며 소수 교파에 몰입한 것으로 추정된다.

전남 고흥군은 목치숙·목일신을, 경기 부천시는 목일신을 연구한다. 고흥에는 목일신동요제, 부천엔 일신초·중학교가 있다. 목치숙 목사에게는 1992년 건국훈장 애족장이 추서됐다.

19세기 말 선교사들의 전도여행에서 시작된 작은 물결이 있었다. 그 물결들이 만나 강과 바다를 이뤘다. 그리고 한반도를 복음의 생수로 적셨다. 그 생수는 또 어디로 어떻게 축복으로 이어질지 알 수 없다. 한국 근대 기독교의 '천로역정'에 목치숙·목일신 부자가 있다. 그들 옆에서 신우구, 서서평, 오석주, 곽애례, 천경자, 이종호(독립운동가), 이기풍, 김정복(순교자), 정규오(신학자) 등이 동시대를 살며 고락을 함께했다.

목치숙(1885~1928)

1905년 전남노회 순천지방회 조사(助事)가 됨
1919년 조선독립고흥단에서 활동
1920년 조선청년회연합회, 고흥기독교청년회 회장
1922년 동강지방청년회 총무
1992년 건국훈장 애족장 받음

목일신(1913~1986)

1926년 〈동아일보〉에 "산시내" 발표, "자전거" 작사
1929년 광주학생운동으로 투옥
1930년 〈동아일보〉 신춘문예에 동요 "참새" 당선
1931년 〈조선일보〉 신춘문예에 동요 "시골" 당선
1943년 순천 매산중학교 국어교사로 부임
1948년 목포여자중학교 교사로 부임
1954년 이화여고 교사로 부임
1955년 〈대한일보〉 현상모집에 국민가요
   "대한의 노래" 당선
1957년 동요집《물레방아》발간(광주 국학도서출판관)
1958~1978년 배화여중·고 교사
1978년 국민포장 수상
1992년 건국훈장 애족장 추서
1978~1986년 한국음악저작권협회 이사장

1978~1986년 한국아동문학가협회 부회장

목일신의 아동성가와 동요 가사

주님의 사랑

주의사랑 끝이없어 바다보다 더깁고
주의은혜 한이없어 하날보다 높도다

소리높여 주의일흠 부르며
찬송으로 주께영광 돌리세

자비하신 하나님 우리아이 들에게
복음나려 주시며 길을인도 합소서

우리주의 날개아래 항상품어 주시고
거룩하신 손을펴서 나를안어 줍소서
(아동성가)

우리 아버지

나를사랑하시든 아버지는요
작년삼월초하로 꽃피는봄날
우리형뎨오남매 남겨두고서

무정히한울나라 가셧답니다

나는나는누나와 목노아울며

어머니는동생들 껴안고울제

동리동리사람들 모다차저와

애처로운눈물을 흘렷답니다

사랑하신어머님 슬퍼하실때

나는나는언제나 위로를하죠

이밤도달밝은밤 버레우는밤

그리운아버지를 생각합니다

(〈동아일보〉 1929년 10월 20일 발표)

영남
지역

"포로된 자 해방시켜 주시는 이가 예수"
전도사, 의열단원으로 일어서다

전도사 박문희와 부산 동래복음전도관

1934년 6월 12일 오후 2시 부산법원 제2호 법정.

동래읍에서 사회운동을 맹렬히 진행하던 박문희는 중국 난징(南京)에 있는 의열단장 김원봉에게 소개됐다. 중국 국민당정부 주석 장개석의 군사훈련생을 조선 내지에서 모집하라는 부탁을 받고 조선에 돌아와 동래 노조간부 4, 5명을 소개하야 난징으로 가게 해 훈련을 받게 했다는 혐의로 경남경찰부에 피검되어 부산법원 예심을 거쳐 지난 12일 오후 2시에 부산법원 제2호 법정에서 등본(藤本) 재판장 주심과 원교검사 입회와 박우윤 변호사 열석으로 제1회 공판이 개정되었다. 피고의 주소씨명을 간단하게 물은 뒤 재판장이 치안을 방해할 염려가 있다고 공개를 금지한다 선언해, 동래에서 40~50명 친지들이 일부러 방청하러 왔다가 법정

279

밖으로 몰려 나갔다고 한다. 부산법원이 방청을 금지하기는 근래
에 드문 일이라는데 지난번 재판장이 경질되면서부터 다소 방침
이 변한 모양이라 한다.

당시 신문 보도 내용이다. 1980년대 시국을 다룬 영화 〈변호인〉의
한 장면을 보는 듯하다. 역사는 이렇게 느리게 전진하나 하나님의 공의
는 끝내 승리한다는 것이 성서적 세계관이다.

신문은 박문희(朴文熺, 朴文熹)를 "사회운동을 맹렬히" 한 인물로 보
도한다. 일제가 언론에 재갈을 물린 상황에서 '독립운동을 맹렬히'라고
직필할 수 없었을 것이다. 기록을 남긴 것만으로도 감사한 일이다.

동래복음전도관의 영향

의열단원 박문희. 그는 세상에 알려지지 않은 독립운동가다. 대한민
국 정부가 이념성을 이유로 지금껏 공식 독립운동가 명단에 포함시키지
않았기 때문이다. 다행히 그의 여동생 박차정(朴次貞, 1910~1943)은 김
영삼 정부 시절인 1995년 8월 15일 어렵게 건국훈장 독립장을 받을 수
있었다. 박차정의 남편은 영화 〈암살〉과 〈밀정〉에서 은밀한 작전을 지시
하는 것으로 묘사되는 비운의 독립운동가 김원봉(金元鳳, 1898~1958)
이다. 김원봉은 1948년 남북협상 때 월북했다. 박문희를 비롯한 박씨 가
문 후손에게 '주홍글씨'가 박힌 이유다. 당시 신문은 그해 공판에서 박문
희에게 징역 2년이 언도됐다는 내용을 꾸준히 보도하고 있다.

박문희는 대한제국 탁지부(度支部) 측량기사 박상렬의 3남 2녀 중
장남이다. 어머니 김맹련은 동래 명문가 규수로, 그의 사촌이 한글학자

이자 북한 정치가 김두봉(1889~1960)이다.

박상렬은 '근대적 측량' 행위를 일제의 척식(拓植)으로 느끼는 백성의 따가운 눈초리에 측량기사를 그만둘 수밖에 없었다. 그러고는 1918년, 식민지가 된 조선의 현실을 비관하는 유서를 남기고 부산 다대포 바다에서 스스로 목숨을 끊었다.

그 무렵 명문 동래고보를 졸업한 박문희는 아버지의 자살로 큰 충격에 빠졌다. 청년 박문희의 삶 근간을 흔드는 죽음과의 직면이었다. 그는 동네 동래복음전도관(부산 온천중앙성결교회 전신)에서 하나님의 위로를 받았다.

박문희는 전도관 형제들의 권유에 따라 1919년 봄 서울 경성성서학

■ 박문희가 졸업한 동래고등학교(옛 동래고보)

원(서울신대 전신)에 진학한다. 경북 달성군(현 대구 달성) 현풍 출신 이상
철(독립운동가)이 동기였다. 그들은 그해 만세운동에 나섰다. 박문희는
재학 및 졸업 무렵 경기도 안성교회, 경남 통영교회, 서울 독립문교회 등
에서 전도사 생활을 한다. 당시 성결교는 조직교회 위주가 아닌 집회 전
도 중심이었다. 따라서 노방전도에 정열을 쏟았다.

그리고 1924년 6월, 대구 미션스쿨 신명여학교 출신 이도금(李道今)
과 결혼한다. 이도금은 현풍면 유지였던 신앙인 이상윤의 딸이다. 이상
윤은 훗날 목회를 그만두고 독립운동을 하는 사위 박문희가 안타까워 니
혼대학 경제학과로 유학도 보내 보고, 강제 이혼(훗날 재결합)도 시켜 보
나 그의 의지를 막을 수 없었다. 한편 장녀 영숙(작고)은 행촌동 독립문
교회(현 서울 도곡동 한우리교회) 사택에서 태어났다.

1925년 전도사를 사임한 박문희는 고향 동래에 내려가 사회단체

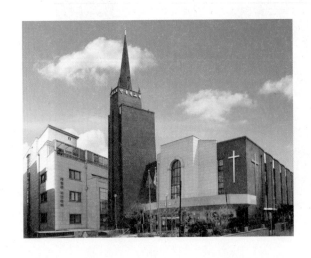

■ 박문희가 목회한 서울
독립문교회(현 한우리교회)

경남청년연맹을 창립하는 등 본격적인 독립운동에 나선다. 의병장 출신 구연영이 전도사가 돼 구국하고자 했던 것과 반대되는 사례다. 청년기 신학공부를 접었던 독립운동가 여운형과 비슷한 삶이라 할 수 있다.

일본 유학을 마치고 돌아온 박문희는 1929년 신간회 중앙상무집행위원으로 선출돼 김병로(1887~1964, 독립운동가) 신간회 회장을 보좌한다. 그러다 1930년 2월 광주학생의거 격문 사건으로 서울 종로경찰서에 수감된다.

출옥 후 박문희는 포로 된 자를 해방시켜 주시는 이가 예수임을 믿고 무력투쟁을 강화한다. 특히 누이 차정이 부산진 일신여학교 재학 시절부터 동맹휴학 등으로 투옥과 출옥을 거듭하자 제물포항을 통해 그를 중국으로 망명시킨다. 차정에 앞서 남동생 문호(1907~1934)가 먼저 망명했기에 가능했다.

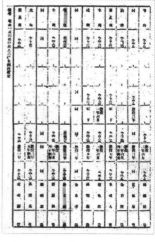

····▸
■ 젊은 시절 박문희

····▸ ····▸
■ 조선총독부 박문희
재판 기록

중국에서 김원봉과 결혼한 차정은 박문희를 국내 비선 의열단원으로 입단시킨다. 박문희는 중국에서 김원봉을 만나 독립자금을 받아 귀국하기도 한다. 그 자금으로 조선혁명간부학교 학생 5명을 선발해 중국으로 보냈고, 이것이 발각돼 1934년 1월 체포된다.

이들 형제 중 문호는 일본과 서울 형무소 수감 끝에 고문 후유증으로, 차정은 일본군과의 총격전 끝에 부상해 사망했다. 박문희는 1950년 6월 실종됐다.

'전도사 박문희', 아들이 이어받아

부산 박의영 은퇴목사(부산 가나안교회 목사, 경성대 교목 역임) 자택. 박 목사가 아버지 박문희의 젊은 시절 사진을 앞에 놓고 그의 삶을 얘기했다. 6·25전쟁이 나던 네 살 때 아버지를 잃은 그가 아버지의 못다 이

■ 왼쪽 두 번째와 세 번째가 박차정 김원봉 부부다. 이 사진은 박차정의 오빠이자 독립운동가인 박문희의 아들 박의영 목사가 2000년 무렵 일본국회도서관을 뒤져 찾아낸 《조선인물사전》에 실린 사진을 복사한 것이다.

룬 목회의 꿈을 이뤘다. 박 목사는 자신이 목사가 된 것을 두고 "하나님의 축복 없이는 설명할 수 없는 일"이라고 했다.

박문희, 박문호, 박차정은 한국 교회가 기억하지 않는 인물들이다. 그들은 초기 개신교 영향 아래 공부했다. 박문희의 경우 신학교에 가고 전도사가 됐지만, 기독교 역사신학자 누구도 그들을 연구하지 않았다. 도리어 고 김재승(한국해양대), 조동걸(국민대), 신용하(서울대 명예), 이송희(신라대) 교수 등 일반 역사학자들이 학술적 접근을 했다. 때문에 '기독교 독립운동가' 부분이 심층적으로 다뤄진 것은 아니다.

"아버지와 그 형제들에 대해 유족이 나설 수 없었어요. 그건 신학자와 역사학자의 몫이라고 봤어요. 또 '연좌제'가 작용해 자료조차 없애야 할 판이었으니까요. 제가 고등학교 다닐 때도 주 1회 사찰이 있었어요. 목회자가 돼서도 중앙정보부나 경찰의 감시가 있었으니까요."

이유는 간단했다. 아버지 형제가 김원봉·김두봉 등과 함께한 사회

■ 박문희 생가를 둘러
보는 아들 박의영 목사

285

주의 계열 독립운동가라는 것, 그리고 결정적으로 1950년 6월 서울서 부산 집으로 피난오던 아버지가 실종됐는데, 이를 월북으로 본 것이다.

"아버지는 일제강점기 좌우합작 독립운동단체 신간회의 민족주의 계열이었고, 그중에서도 이상재 선생 등과 같이 기독교 민족주의자였죠. 신간회를 기독교 민족주의자 계열이 장악하자 좌익 계열이 분통해 하잖아요."

박문희는 1997년 부산지방법원으로부터 실종 심판 확정을 받았다. "아버지가 월북했다면 당시 북한 권력 실세 김원봉·김두봉이 있었는데, 북한에서 그 흔적조차 없다는 건 말이 안 된다"는 것이 박 목사의 얘기다.

박문희의 부인은 1965년, 어머니는 1970년 사망했다. 두 여인은 죽는 날까지 희망을 잃지 않았다. 추운 겨울에도 문을 열어 놓고 대문을 응시했다. 남편이, 아들이 들어설까 싶어서다. 그리고 두 여인이 말했다. "너희들은 어떤 일이 있어도 정치하지 마라. 집안 망한다." 그것은 곧 독립운동으로 3대가 망함을 의미했다.

"우리 집안은 그래도 하나님 축복을 받았습니다. 막내삼촌 박문하(1918~1976, 의사 및 수필가)가 당신 형제와 우리 형제를 돌봐 가난과 고통 속에서도 배울 수 있었으니까요. 다른 독립운동가의 자손들에 비하면 행복한 삶이었죠. 부끄러운 비교지만 말입니다."

'독립운동 트라우마'는 박의영의 형제들이 약사와 의사의 길을 걷게 했다. 그리고 3대째인 박의영 목사의 외동아들은 아프리카에 가 있는 당당한 대한민국 외교관이다.

"아버지의 생가는 '박차정 의사 생가'라는 이름으로 동래고등학교 앞에 복원됐습니다. 박차정 동상도 동래여고(옛 부산진 일신여학교) 옆에 있고요. '빨갱이' 마녀사냥 속에 살았던 우리 형제는 아버지 사진 등 기

■ 의열단원 박문희 전도사가 살던 부산 칠산동 생가. 정식 명칭은 그의 누이 이름을 딴 '박차정 의사 생가'다. 박차정은 1995년 건국훈장 독립장을 받았다. 박차정은 두 오빠와 함께 의열단원으로 일제와 싸웠다.

록을 제대로 보관하지 못했어요. 생가도 역사학자 신용하·조동걸 교수님이 알려 주셨죠. 지금도 생생합니다. 신 교수께서 '당신이 그 훌륭한 분의 자제인가. 동래고 골목으로 쭉 들어가면 우물 있는 집이 있네. 그게 박문희 선생 생가일세'라고 알려 줬어요."

박의영 목사는 젊은 시절 마산결핵요양소에서 투병했고, 그곳에 훗날 교회를 세웠다. 통영 앞 사량도에서 무의탁 결핵환자 돌봄센터도 운영했다. 지금은 창원시 마산에서 사모가 돌봄센터를 운영한다.

"죽는 날까지 하나님의 은혜와 아버지의 뜻을 실천하다 살면 잘했다 칭찬받고 천국 갈 수 있을 것으로 믿습니다. 공의를 외치다 고통당한 많은 분들이 이제는 결박에서 풀려났으면 좋겠습니다."

■ 부산 동래여고 옆에
있는 박차정 동상

박문희(1901~1950)

1919년 서울 경성성서학원 입학
1922~1924년 안성교회, 통영교회, 독립문교회 시무
1925년 경남청년연맹 창립 주도
1927년 니혼대학 경제과 유학
1929년 신간회 중앙상무집행위원 피선
1930년 광주학생의거 격문 사건으로 수감 및
    누이 박차정 망명시킴
1931년 박차정, 의열단장 김원봉과 결혼
1932년 중국에서 의열단 가입. 공작금 받아 귀국 후
    의열단원 포섭
1934년 조선혁명간부학교 파송 배후로 체포
1936년 만기 출옥
1945~1949년 정당활동 및 부산 〈대중일보〉 사장
1950년 6월 서울에서 동래로 피난 중 행방불명

"병든 자 돌보라"
낙동강 물난리 이재민 구호 말씀 실천하다

한국 외과학의 선구자 고명우 장로와 부산 구포

·

　　낙동강변 부산 구포역에 내리자 강은 보이지 않고 하늘을 가린 아파트와 도시철도 역사(驛舍)가 코앞에 있었다. 1905년 간이역으로 시작한 이 역은 1993년 '구포역 열차 전복 참사'로 사람들에게 알려져 있다. 구포는 낙동강 김해평야의 강 동쪽 중심 읍내였다. 일제강점기 구포다리가 생기면서(1932년) 더욱 발전했다. 낙동강 하구는 강 때문에 수많은 사람이 먹고살았으나 강 때문에 재해를 입어 또 수많은 사람이 죽어가야 했다.

　　1933년 7월 10일 오전 8시. 이 낙동강 하구 구포역에 미국 유학까지 다녀와 조선 외과학 명의로 꼽히는 고명우(高明宇)가 도착했다. 부산·경남 지역 유지와 기관장들이 그를 맞았다. '고 박사'로 불리던 그는 구포 땅에 도착해 짧게 기도했다. 그는 서울 남대문교회 장로였고 교회 옆 세브란스 의전 교수였다.

고명우 일행은 낙동강 하구 일대에 긴급 투입된 의료구호 팀이었다. 1933년 7월 초, 5일간 계속된 태풍이 낙동강 하구를 물바다로 만들었다. 그 가운데서도 김해군(현 김해시 및 부산 강서구 일대)의 피해가 가장 컸다. 수천 명이 죽거나 이재민이 되어 김해읍과 구포 등지에 분산됐으나 역병 등이 돌아 수용도 쉽지 않았다. 이 자연재해는 이듬해에도 이 일대를 강타해 '낙동강 대홍수'로 기록됐다.

일제강점기 구포는 쌀 수탈을 위한 전략적 거점이기도 했다. 동양척식 등 각종 관공서가 자리해 조선 대중을 소작농으로 전락시켰다. 이에 항거한 소작쟁의가 구포 장날 행해졌고, 신분 해방을 위한 형평사(衡平社) 운동이 전개된 지역이기도 하다.

1930년대를 배경으로 한 김정한 소설 〈사하촌〉, 조명희 소설 〈낙동강〉에는 소외되고 억압받는 조선 민중이 불의한 종교 권력과 정치 권

■ 일제강점기 낙동강 대홍수로 제방이 붕괴된 모습. 구포다리가 보인다.

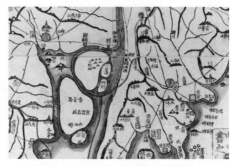

■ 조선 말 낙동강 하구 지도. 가운데 큰 섬과 작은 섬 등이 지금의 김해공항 활주로다.

■ 부산 구포역 뒤쪽 3·1만세운동길. 고명우는 한때 부산 선교병원에서 성장했다.

■ 납북 실종자 고명우 장로가 1933년 낙동강 대홍수 때 의료구호 활동에 나섰던 부산 강서
구 죽림동(당시 경남 김해군 가락면). 왼쪽으로 가락장로교회와 폐목욕탕 굴뚝이 보인다. 오른쪽
으로는 서낙동강과 김해공항 활주로 일대다. 하늘에 비행기가 날고 있다. 낙동강 대홍수 당시
가락장로교회 일대를 빼고 모두 침수됐다.

292

력에 맞서 싸워야 한다는 메시지가 담겼는데, 그 무대가 낙동강 하구와 구포 소읍이다.

고명우와 의료진은 당시 민족주의 성향의 〈동아일보〉 등과 연합한 긴급 의료구호 팀이었다. 고명우는 인솔자로서 김치환, 정만유, 김의순 등의 동료와 강 건너 김해군 가락면사무소 소재지를 베이스캠프로 활용했다. 지금의 가락면 죽도 왜성 산등성이다. 그들의 의료활동을 가락 장로교회 등 교우들이 도왔다고 한다. 본부 및 숙소는 구포 대동여관이었다.

당시 김해 일대는 쓰나미가 할퀴고 간 듯 아무것도 남아 있지 않았다. 가락면은 지금의 김해공항이 있는 강동동, 대저동, 명지동 등 6~7개 섬을 포함하고 있었는데, 이 섬들 모두가 물에 잠긴 것이다. 일행은 배를 타고 다니며 이재민을 구조하고 치료했다. 신문은 "수천 명이 생

■ 고명우(오른쪽)가 의료선교사 러들러 박사(가운데)와 함께 포즈를 취했다. 미국 유학시절로 추정된다.

사불명이며 열한 곳에서 1,004명을 진료했다"고 보도했다. 이재민은 외상과 피부병, 호흡기병 등에 시달렸으나 수몰된 집과 논밭 때문에 상심이 더 컸다.

구포역에서 내려 구포다리를 지나 35미터 높이의 죽도 왜성에 닿았다. 차로 20분 거리였다. 이 왜성은 임진왜란 당시 조선 내륙 침투를 위해 쌓았다. 현재 죽도 왜성 산자락을 중심으로 행정기관들이 들어서 있다.

당시 고명우와 의료진은 가락 포구에서 어선 등을 이용해 명지도, 맥도, 대저도 등으로 가서 응급 진료를 했다. 그와 동행한 의사들은 대개 세브란스 의전을 나온 이들이고 신앙 동지들이었다.

고명우는 일찍이 교회를 중심으로 위생강연 등을 다니며 조선 민중의 각성을 촉구했다. 1919년 3·1운동 이후 일제의 철권통치로 암담한 현실이 계속되면서 많은 지식인이 무력 투쟁을 위한 사회주의 계열로 빠져나갔으나 그는 신앙적 계몽운동을 최우선으로 보았다. 그래서 '보건'과 '위생'이라는 개념이 없던 당시 금강산 장안사 범종루에서 "전염병에 대하야"라는 위생강연을 할 만큼 생활 계몽에 앞장섰다. 그는 서울 원효로 '고박사 의원'을 비워 가며 병든 자가 있는 곳이면 달려갔다.

고명우는 황해도 장연 사람으로, 조선의 자생적 교회 소래교회를 부모 등에 업혀 출석한 모태신앙인이다. 고향 해서제일학교와 서울 경신학교에 다녔고 세브란스 의전을 졸업했다. 그는 의전 시절 "병든 자를 돌보라"는 말씀을 따라 서울 근교로 의료봉사활동을 다녔다. 그의 딸 고봉경(1950년 실종, 피아니스트·이화여전 교수)과 고황경(1909~2000, 기독 여성운동가)이 1940년대 서울 아현 너머 한촌(寒村) 세교리(현 서울 서

교동)에 경성자매원을 설립하고 가난한 사람들을 돌본 것도 아버지 고명우를 따라 의료봉사활동을 다닌 게 영향을 미쳤을 것이라 한다. 불행히도 고황경은 뛰어난 기독교교육가이자 사회사업가였으나 일제강점 기간이 길어지면서 조선임전보국단(朝鮮臨戰報國團) 발기인으로 활동하는 등 친일반민족행위를 하게 된다.

한편 고명우가 낙동강 이재민 구호활동에 누구보다 열심이었던 것은, 1890년대 미국 북장로회 의료선교사 찰스 어빈(1862~1933)과 올리버 에비슨(1860~1956)의 한글 교사였던 아버지 고학윤 조사가 두 선교사를 따라 부산으로 옮겨 갔기 때문이다. 고명우는 1896~1909년 부산에서 영어 등 근대 과목 교육을 받았고, 선교병원에서 어빈 조수로 일하기도 했다.

이런 그가 세브란스 의전에 진학한 것은 선교사들의 권유에서였다. 그때 그는 미국 외과학의 권위자이자 의료선교사인 러들러 박사를 만나 '가난한 자를 위한 의술'을 배웠다. 고명우는 의전을 마친 후 고향 황해도 수안 금광 의무실에 근무하며 광부 가족을 위한 작은 교회와 학교를

■ 고명우의 딸 고봉경(왼쪽)
과 고황경 자매. 기독 엘리트 신
여성이었다.

운영하기도 했다. 그리고 1926년 세브란스병원장 에비슨의 권유로 미국 유학길을 떠나 뉴욕 롱아일랜드 의과대학에서 박사 학위를 받았다.

늘 겸손했던 그를 두고 러들러와 의료 선교사들은 "교회와 불우한 이웃을 사랑한 사마리아인", "한국 외과학의 선구자" 등으로 불렀다.

그러나 '예수의 복음을 품은 병 고치는 의사'는 민족의 참화를 피해 가지 못했다. 6·25전쟁이 발발한 뒤, 목숨의 위협을 알고도 교회와 병원을 지키려 했던 그는 딸 봉경과 함께 인민군에게 끌려갔다. 남대문교회 장로 맹관호, 김윤동, 김동원 등도 같이 잡혀갔다. 납북 중 폭격에 사망했을 거라는 추측이 돈다.

'선한 사마리아인'으로 불리던 고명우. 그는 고황경이 설립한 서울 노원구 서울여대 내 '고명우기념관' 여섯 자로만 남아 있을 뿐이다. 그에 관한 연구가 없는 게 아쉽다.

고명우(1883~1950)

1896~1909년 부산 선교병원에서
　　어빈의 조수로 일함
1902년 서울의 영국 및 외국 성서협회(British and
　　Foreign Bible Society)에서 일함
1910년 관립의학교에 입학했으나 한일합방으로
　　나라를 빼앗기자 자퇴, 세브란스의학교에 편입
1913년 세브란스의학교 졸업, 개업의 시험 합격
1914년~ 6년간 황해도 수안 금광의무실(Sun gold mines
　　of Collbran and Bostwick) 책임자로 근무
1920년 세브란스로 돌아와 러들러의 제1조수로 근무, 강사
1921~ 1922년 세브란스 외과학교실 책임자
1926년 미국 유학. 뉴욕의과대학에서 6개월간 수련 후
　　롱아일랜드병원 의과대학에 입학
1928년 졸업 후 귀국,
　　세브란스 외과에 근무, 외과학 조교수가 됨
1933년 7월 남부지방 수재민 진료
1938년 학교를 사임하고 원효로에서 10여 년 동안 개업

북녘 향한 옥탑방 사부곡(思婦曲)
"기도 속에서 늘 당신을 만납니다"

성자가 된 의사 장기려와 부산 송도

부산 송도 앞바다에 석양이 짙었다. 바다가 보이는 고신대복음병원 정원 크리스마스트리 등에 불이 들어오기 시작했다.

부산 서구 암남동 고신대복음병원. 언덕배기에 자리한 병원은 아픈 사람들로 붐볐다. 병원 정문과 건물 벽에 걸린 익숙한 이름의 현수막이 시선을 끈다. "마음까지 치료한 아름다운 의사 장기려 박사 23주기 추모 예배 및 기념식." 고신대복음병원 예배실에서 행사가 진행된다는 내용이다. 그 '아름다운 의사' 장기려는 세상 사람들에게 성자로 회자된다. 그는 1995년 12월 25일 새벽 1시 45분 하나님 품에 안겼다.

고신대복음병원은 26개 과에 16개 병동, 953개 병상을 갖춘 부산·경남 지역의 내로라하는 종합병원이다. 6·25전쟁 와중인 1951년 6월, 부산 영도 제3영도교회에서 구제병원으로 시작했다. 장기려는 무의진료 천막 정도에 지나지 않던 이 구제병원 복음진료소의 원장이었다.

■ 부산 송도 고신대복음병원(옛 복음진료소). 장기려 추모 예배 현수막이 걸려 있다.

■ 부산 동구 장기려기념관 '더 나눔센터'. 관람자가 기도문을 트리에 달고 있다.

평북 용천 출신의 그는 피난민이다. 부산은 일가붙이 하나 없는 낯선 곳이었다. 그는 열네 살 무렵 세례를 받고 미션스쿨 송도고보를 졸업한 후 경성의학전문학교(서울대 의대 전신)에서 수학하며 일제강점기를 살아냈다.

…음성이 들리기를 '너의 죄는 예수 그리스도께서 십자가에서 대속해 주셨는데 왜 너는 그것을 믿지 않고 낙망하고 있는가' 하시는 것이었다. …예수 그리스도 이외에 나의 생명을 바칠 분은 없다….(장기려, 신문 연재 글 "방황의 학창"에서)

장기려는 송도고보 시절 이처럼 회심한 기독청년이었다. 이 신앙고백을 평생 안고 살았다.

■ 1951년 부산 영도 제3교회에서 시작된 복음진료소. 장기려 박사가 초대 원장이다.

행려병자 거두는 '바보 의사'

장기려는 '바보 의사'라고 표현될 만큼 이웃을 위한 의술을 펼친 현대사의 인물이다. 돈 없는 환자가 병원비를 내지 못하자 도망가도록 뒷문을 열어 놓고 그 책임은 당신이 지는, 그런 사람이었다. "알쓸신잡3"이라는 TV 프로그램이 장기려를 거론하면서 젊은 세대들에게 새롭게 인식되기도 했다. 그는 말년을 고신대복음병원 3병동 옥탑방에서 머물며 북에 두고 온 아내 김봉숙(2004년 작고)과 다섯 자녀를 그리워했다. 집 한 채 없는 무소유의 삶이었다.

장기려는 여섯 자녀 가운데 둘째 아들만 데리고 월남했다. 그리고 공산군을 피해 무개(無蓋)열차를 타고 부산에 정착, 철저히 예수 정신으로 살았다. 그는 의술로 가난한 이웃에게 희망이 되고자 했다. 행려병자를 거두고, 무의촌 진료를 다니고, 의료 혜택을 못 받는 이들을 위해 청십자의료보험 등을 조직해 사회안전망을 구축했다. 간암 권위자 등의 의학적 계관이나 의학발전공로자로서의 수상은 "쑥스러워서…"라며 한사코 손사래 쳤다. 환자와 그 가족들은 '병원에 간다'고 말하기보다 "장 박사에게 간다"고 했다. 사람들은 그를 성자라 불렀다.

그는 교회 장로(부산 산정현교회)로서 한국 교회가 소금의 역할을 다하지 못하는 것에 늘 가슴 아파했다. 거창고 설립자 전영창(1916~1976) 목사와 기독교교육운동 등 다양한 신앙운동을 펼친 이유다.

3병동 옥탑방은 큰 병원 명의가 누릴 수 있는 혜택과 무관하다. 옥탑방 옆 기계실에서 새어 나오는 굉음에 편치 않은 잠자리였을 것이다. 책상, 책장, 장롱, 침대, 소파…, 단출했다. 장기려는 "나만큼 아름다운 풍경을 안고 사는 사람 있으면 나와 보라 해"라며 염려하는 이들의 근

■ 부산 송도해수욕장이 보이는 고신대복음병원 3병동 옥상. 의사 장기려는 1985년 이 옥상에 옥탑방을 마련해 기거하기 시작했다. 주변의 염려에 "나는 이 세상에서 가장 아름다운 집을 가졌다"고 말하곤 했다.

■ 장기려 박사가 거처하던 옥탑방 내부

심을 덜어 주었다. 그는 이 옥탑방에서 홀로 기도하는 시간을 진심으로 귀히 여겼다. 북에 있는 아내와의 온전한 교감이었다. 그는 스테디셀러 《부생육기(浮生六記)》 저자 심복(沈復)처럼 아내를 그리워하며 평생을 살았다. 1983년 아내와 자녀들이 평북 강계에 살아 있다는 소식을 들은 후 그의 기도는 더욱 깊어질 수밖에 없었다.

"그 여자는 내 눈동자요 손과 발이었다."

1971년 한 기도모임에서 이렇게 고백했다. 장기려는 아내 김봉숙을 경성의전 졸업 무렵 교회에서 처음 보았다. 피아노 반주를 하고 있었다. 의사 김하식 딸이었다.

그들은 1932년 4월 서울 새문안교회에서 결혼했다. 조선인 의사가 귀한 때라 언론에 소개될 만큼 화제였다. "동정을 결혼 후 이틀 동안 더 유지했다"고 고백한 에피소드는 장기려의 순결함, 순수함, 솔직함을 드러내는 신앙인의 면모이기도 했다.

그는 1982년 6월 '만남'이란 주제의 신앙 강연에서 아내 김봉숙을 자신에게 깊이 영향을 끼친 현실 인물 셋 가운데 으뜸으로 꼽았다. 부잣집 딸 김봉숙은 가세가 기운 집에 시집와 콩나물 외상값과 삯바느질에 시달려야 했다. "내가 1941년 평양연합기독병원에서 일할 때 사면초가에 몰려(사택에서 쫓겨나) 어려울 때 아내는 성도 아니 내고 또 그것을(사택 비우라는 순경의 윽박지름) 나에게 들려주지 않았

■ 장기려 박사의 아내 김봉숙(2004년 작고)

303

으며 다만 하나님께 판단해 주시기를 기도했다"고 밝힌 바 있다. "아내
가 절대 사랑으로 순종했기 때문에 나도 아내에게 죽도록 충성하는 사랑
을 주려고 결심했다"는 것이다.

병원 옥탑방서 가족 그리워하며 살아

장기려는 이 약속을 지켰다. 월남 후 병원 사택까지 쳐들어오는 여
인도 있었고 돈 많은 미국 동포의 청혼도 있었으나 아내가 살아 있을 것
이란 확신을 기도 속에서 응답받았다. "(나라고) 순간순간 유혹이 왜 없
었겠는가"라고 했으나 '죽도록 충성하는 사랑'의 마음을 한순간도 버리
지 않았다.

1985년, 전두환 정부로부터 북한에 다녀오라는 제안을 받았다. 그
러나 특혜를 누리면서까지 다녀오고 싶지 않다며 거절했다. 신사참배를
거부한 장기려에게 독재정부의 제안이 먹힐 리 없다. 장기려는 "나는 매
일같이 영적으로 아내와 교통하고 있는 사람이오"라고 에둘렀다. 다만
미국에 있는 조카 등을 통해 서신이 오갔다. 아내의 첫 문장은 이랬다.

"기도 속에 언제나 당신을 만나고 있습니다."

그는 끝내 아내를 만나지 못하고 숨을 거두었다. 유일하게 같이 월
남했던 둘째 아들 장가용(1935~2008, 의사) 박사가 2000년 8월 17일
50년 만에 어머니 김봉숙을 평양에서 만나 아버지의 소식을 전했다.

"인생의 승리는 사랑하는 자에게 있다. 사랑받지 못한다고 후회하지
말라." 성자가 된 의사의 말이다.

장기려 박사(1911~1995)

1911년 평북 용천 출생
1928년 개성 송도고보 졸업
1932년 경성의전 졸업, 김봉숙과 결혼
1932~1938년 경성의전 외과 조수
1940년 평양연합기독병원 과장 부임
1942년 〈성서조선〉 사건으로 구류
1944년 신사참배 반대 가정예배
1945년 평양도립병원장 취임
1950년 차남 가용과 월남
1951년 부산 복음진료소 시작
1968년 청십자의료보험조합 조합장
1969년 3선개헌 반대 서명
1979년 라몬 막사이사이상 수상
1981년 부산 산정현교회 장로 은퇴
1985년 고신대복음병원 옥탑방으로 이사
1991년 북한의 아내와 자녀 편지 받음
1995년 12월 25일 별세

"일경(日警) 겁박에 정신이 더 맑아졌다…
성령이 주신 용기"

한국 기독여성계 대모 공덕귀 전도사와 경남 통영

"희망을 잃지 않았던 것은 어쩌면 남몰래 시를 썼기 때문인지도 모른다."

한국 기독여성계의 대모 공덕귀(孔德貴) 전도사 생가를 찾아 경남 통영 서피랑길 골목을 구석구석 돌다가 마주한 글귀다. 그 골목 담벼락에 소설가 박경리 선생의 문장이 쓰여 있었다. 두 사람의 집은 불과 300미터 거리다.

공덕귀는 4·19혁명 직후 취임한 윤보선 전 대통령의 부인 '공덕귀 여사'로 기억하는 이들이 대부분이다. 한국 교회는 그를 서울 안동교회를 중심으로 활동한 기독 여성운동가로 기억한다. 그는 교회여성연합운동, 순교자기념사업운동, 인권운동, 통일운동, 피폭자 지원과 기생관광 반대운동 등에 평생을 바쳤다.

통영은 제주 못지않은 '핫 플레이스'다. 미항이 지닌 매력과 작곡가

윤이상, 화가 이중섭, 작가 유치진·유치환·박경리·김상옥 등 숱한 문화
예술인이 나고 활동한 예향(藝鄕)이다. 통영이란 이름은 이순신이 최초
삼도수군통제사로 있었던 통제영(統制營)에서 따온 것인 만큼 역사성을
지닌 곳이기도 하다.

그 통제영의 객사 세병관(洗兵館)에 서면 '한국의 나폴리'로 불리는
통영 시내가 한눈에 보인다. 통영을 즐기려는 관광객을 태운 버스가 끊
임없이 주차장을 메우고 있다. 그리고 가까이 고딕양식을 본뜬 교회 종
탑이 눈에 들어온다. 호주선교부에 의해 1905년 설립된 충무교회다. 적
어도 통영을 찾은 그리스도인이라면 세병관 맞은편 이 교회에 들러 마음
을 가다듬고 순례자의 자세를 가져야 한다.

■ 세병관에서 내려다본 통영. 가운데 충무교회가 보인다.

충무교회 입구에 서면 기념석 하나가 눈길을 끈다. "암울한 19세기 말 통영 복음화를 위해 설립된 충무교회는 3·1독립만세와 독립운동을 이끌었고… 신앙훈련과 근대교육을 통해 종교, 정치, 문화, 예술계의 걸출한 인물들을 배출했는데 그중에는 유치환, 박경리, 김춘수, 김상옥, 윤이상, 공덕귀 여사 등이 있다." 공덕귀는 태중에서부터 소천까지 교회 공동체를 반석으로 삼은 인물이다. 그가 남긴 생전 기록이다.

주일이면 어머니는 절대 일을 안 했다. 새벽기도에서부터 주일이 시작됐다. 어머니는 딸들을 곱게 단장시켜 앞세우고 교회로 갔다. …(교회 부설) 진명유치원에 도착하면 호주에서 온 신나 선교사가 풍금을 치면서 찬송과 성경공부반을 인도했다. 그 어릴 때 본 광경을 잊을 수 없다. 초대교회의 아름다운 풍경이었다.

■ 1940년대 통제영 세병관과 학생들. 세병관은 보통학교 건물로 쓰였다. 공덕귀도 이 학교에 다녔다.(충무교회 제공·국립민속박물관 자료)

■ 통영 충무교회. 공덕귀는 교회 뒤편 산 너머에 살았다.

■ 충무교회 입구에 있는 교회 역사기록 기념석. 공덕귀 이름도 새겨져 있다.

그의 어머니 공마리아(서양식 세례명)는 야소학(예수교)을 믿는다는 이유로 보리쌀 두 되를 들고 시할머니로부터 쫓겨난 여인이다. 보아스가 보리쌀 여섯 되를 룻에게 주어 돌려보냈다는 대목이 떠오른다. 기도 끝에 공마리아는 시댁으로 돌아왔다. 그리고 철저히 말씀 안에서 신앙생활을 이어갔다. 국문을 깨쳐 마을사람들에게 성경을 읽어 주기도 했다. 어린 덕귀는 어머니의 새벽기도회 참석 길을 따라 새벽이슬과 거미줄을 헤쳐 갔다.

그렇게 교회에 도착한 나는 맨 뒤에 앉아 기도를 드렸다. 꼬마가 무슨 기도를 그렇게 열심히 드렸는지 모르겠다. 이렇게 시작된 기도생활은 여학교 가서도, 요코하마여자신학교에 가서도 계속되었다.

■ 통영 충무교회 뒤편 산자락의 일부. 마을 주민이 텃밭을 가꾸고 있다. 오른쪽으로는 공덕귀 전도사가 어머니와 함께 새벽제단을 쌓았던 통영 충무교회 첨탑이 보인다. 그 왼쪽은 이순신 장군이 삼도수군통제사로 머물던 통제영이다.

충무교회 뒤편으로 야트막한 산이 자리한다. 지금이야 그 산 아래 골목이 관광지가 됐지만 어린 덕귀가 그 산을 넘어 교회에 이를 땐 도깨비가 나온다는 길이었다. 교회를 나와 세병관에서 서문로를 따라 북쪽을 오르다 보면 충렬사에 이른다. 이순신 관련 유적이다. 신나 선교사 등이 어린이 전도를 위해 운영했던 옛 진명유치원 터는 충렬사 가는 길 중간쯤 삼거리 부근이다. 지금의 충무삼일교회 인근이다.

서피랑벽화마을 골목을 돌던 중 직감적으로 공덕귀 생가 골목이라는 확신이 들었다. 두 사람이 비켜 가야 할 만큼 좁은 길. 벽화와 문학 작품에서 따온 문구가 담벼락마다 이어진다. "대한민국 제2대 대통령 윤보선 영부인 공덕귀 살았던 곳"이라고 새긴 기념석과 함께 설명문이 그 옆에 있다. "일제강점기와 대한민국의 교육자, 여성운동가로 구속자가족협의회 의장을 지냈으며 원폭피해자와 가난하고 힘없는 사람들을 보살피는 삶을 살았다."

이를 풀어쓰자면 그는 조선신학교(한신대 전신) 교수였고, 한국교회 여성연합회 등을 이끈 여성운동가였으며, 한국기독교100주년기념사업의 일환으로 모금한 평화헌금을 한국 원폭 피해자 가족을 위해 쓴 기독 NGO 활동가였다. 또 기독교여성단체 리더로 버스 안내양, 여성 방직 노동자, 도시빈민을 보살핀 우리 시대의 어머니였다. 공덕귀를 추모하고 그의 삶의 터에 이처럼 기념석을 남긴 지방자치단체에 감사했다. 한편으로 한국교회사의 초대교회 신앙의 흔적조차 찾지 못하는 한국 교회가 밉기도 했다.

공마리아는 삯바느질로 덕귀 등 6남매를 키웠다. 대한제국 마지막 군인이었던 남편 공도빈은 덕귀가 열다섯 무렵 세상을 떠났다. 평생 교회 간 일이 없는 공도빈은 어느 날 밤 자다 말고 깨어나 "하나님, 이 공도빈을 용서해 주십시오" 하고 기도한 것을 끝으로 세상과 작별했다. 30대 중반 홀로된 공마리아는 한 동리에서 자란 최덕지(1901~1956) 목사 등과 경남 여전도회를 중심으로 신사참배 거부운동을 하다 옥고를 치렀다. 훗날 공마리아는 장로회 재건 측 교회 장로가 됐다.

이런 어머니는 공덕귀를 부산 일신여학교(동래여고 전신)로 진학시켰다. 기숙사에서는 애국가를 불렀고, 한글학자 최현배 선생의《우리말본》으로 공부하는 미션스쿨이었다. 교사들이 복도에서만큼은 일어를 써 달라고 통사정하곤 했다. 그는 이때 인도 선교사를 꿈꿨다. 당시 광주 수피아여학교 교장 김필례(1891~1983) 선생이 일신여학교 새벽기도회(청신회)에 참석해 인도 선교 이야기를 해주었기 때문이다. 김필례는 그 무렵 인도에서 열리는 세계기독청년대회 한국 대표로 참석한 바 있다.

공덕귀는 일신여학교 시절 코틀 등 호주 선교사 등과 경남, 진주, 거창 등지로 전도여행을 다녔다. 이때 거창교회 성탄절 이브 행사에서 이런 가사의 독창을 했다.

　　　무궁화 삼천리 내 집인데 어디어디를 가오/ 봄 오면 무궁화 필 터인데 어디어디로 가오/ 현해탄 물결이 높다는데 어디어디로 가오.

그리고 며칠 지나 거창경찰서의 소환을 받아 유치장에 수감된다. 교회에서 부른 독창곡 때문이다.

공덕귀가 두 번째로 옥살이를 한 것은 순교자 송창근(1898~1951) 목사 주선으로 일본 요코하마여자신학교로 유학한 후 전도사가 돼 경북 김천 황금동교회에 부임한 1940년 무렵이다. 어느 날 부흥집회가 끝나

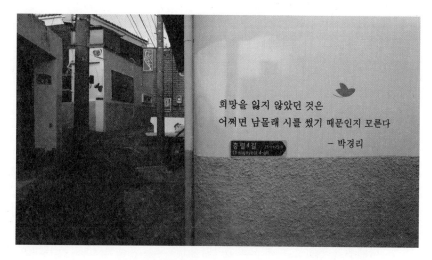

■ 기념석과 안내판이 세워진 벽면을 돌면 박경리 선생의 인상 깊은 문구가 쓰여 있다.

■ 공덕귀 전도사가 살았던 통영 집터의 기념석과 안내판

자 대구의 도경찰서에서 그를 잡아들였다. 하야시라는 서장은 '김천 황금동교회 독립운동사'라고 적힌 서류철을 내밀고 정대위(독립유공자) 목사 등의 설교를 문제 삼았다. "전쟁을 위해 교회 종을 바칠 때 집사들이 울었다는데 그게 누구냐"라며 겁을 주었다. "그럴수록 나는 정신이 맑아졌다. 성령이 내 곁에 계셔서 나에게 용기를 주신 것에 틀림없다."

하야시와 일경은 그가 말을 듣지 않자 고춧가루 탄 물로 고문을 했다. 차마 입에 담을 수 없는 욕이 쏟아졌다. 그들은 교회 상황을 보고하라 협박한 후 풀어 줬다. 당시 황금동교회는 송창근 목사를 중심으로 조선출, 정대위, 김재준, 김정준, 강익형 등 내로라하는 교계 민족운동가들이 포진하고 있었다.

공덕귀는 탄압을 피해 요코하마여자신학교로 피신했다. 미군 B29가 도쿄만 일대를 날아다니는 전쟁 공포 속이었다. 일본 문부성 정식 전문학교령에 따라 요코하마여자신학교는 도쿄여자신학전문학교가 됐다.

■ 공덕귀 전도사가 해방 전 섬겼던 경북 김천 황금동교회

그는 그 학교에서 과정을 마치고 황금동교회로 재부임했다. 그리고 해방 후 서울로 올라와 조선신학교 여자신학부 전임강사가 됐다. 여자신학부는 한경직 목사, 송창근 목사, 김재준 목사, 김대현 장로 등이 뜻을 같이한 결과였다. 한 목사는 여신학부 부장이었고 베다니교회(서울 영락교회 전신)를 막 시작하던 때였다.

그렇게 교회를 섬기고 신학을 가르치다 보니 어느덧 30대 후반이 됐다. 그는 인도 선교사로 가기 위해 미국 프린스턴신학교 유학 준비를 했다. 송창근 목사는 말렸고 김재준 목사는 응원했다. 후에 그는 "하나님 뜻대로 살게 해달라고 한 내 기도가 나를 결혼으로 몰고 갔는지 나는 결국 결혼하게 됐다"고 했다.

1949년 1월 6일. 서른아홉의 공덕귀는 신앙의 명가 윤보선의 안국동 자택에서 함태영(독립운동가, 부통령) 목사 주례로 혼인예식을 치른다. 하나님의 역사에 동참한 지혜와 믿음의 여인 미리암과 같은 삶을 살게 되는 전환점이 되는 결혼식이었다.

■ 진명유치원 원아들과 찍은 사진. 맨 윗줄 왼쪽 두 번째부터 공덕귀, 최덕지 목사, 스키너 선교사, 유치환 부인 권재순.

공덕귀 (1911~1997)

1949년 서울시장 윤보선과 결혼
1960년 윤보선이 대통령 취임, 영부인이 됨
1962년 박정희 쿠데타로 윤보선 하야
1965년 순교자기념사업회장
1973년 원폭 피해자 지원운동
1976년 양심범가족협의회장
1977년 한국교회여성연합회장,
　　　방직여성노동자 투쟁 지원
1983년 한국기독교100주년사업협의회
　　　여성분과위원장
1986년 교회일치여성협의회 초대 회장
1990년 사랑의쌀나누기운동본부 실행위원

원폭 피폭자 보듬은 '공덕귀 회장'

1970년대 초 한국에 원폭 피해자가 2만여 명이나 있었다. 실태 파악도 안 된 때였다. 그때 공덕귀 한국교회여성연합회장은 경남 합천 등으로 피폭자를 찾아다니며 지원을 아끼지 않았다. 미국, 일본, 한국, 누구도 책임지려 하지 않던 때였다. 그와 교회 여성들은 일본교회협의회와 세계 기독여성들에게 이 비참한 상황을 알리고 일본 정부에 배상을 요구했다.

피폭자 자녀로 태어난 인천의 주명순(당시 30대) 씨는 캄캄한 다락방에서 평생을 살았다. 원자병이 대물림된다 하여 숨겼기 때문이다. 주 씨는 '밥', '물' 정도 외에는 말할 줄도 몰랐다.

교회 여성들은 한국원폭피해자원호협회를 창립해 이들을 도왔다. 그리고 '반전 반핵 평화'가 예수 그리스도의 뜻이라는 것을 분명히 했다.

내 땅 팔아 신학교 지어라 …
'사람 낚는 어부' 예비하다

장신대 설립 '초석' 신용우 장로와 경남 거제 하청교회

2018년 6월 17일, 경남 거제시 하청면 하청교회(오명석 목사)의 교회 설립 100주년 기념예배에서 오명석 목사는 "이웃과 함께하는 교회"라는 제목의 말씀을 선포했다. 오 목사는 하청교회의 역할에 대해 '서양 문물 도입과 계몽운동', '교육을 통한 지도자 양육'을 꼽았다. 설교 본문은 "첫째는 이것이니 네 마음을 다하고 목숨을 다하고 뜻을 다하고 힘을 다하여 주 너의 하나님을 사랑하라 둘째는 이것이니 네 이웃을 네 자신과 같이 사랑하라 하신 것이라 이보다 더 큰 계명이 없느니라"(막 12:29-31)였다.

100년 전 하청면은 섬 오지였다. 지금은 부산항만-가덕도-거제도를 잇는 거가대교가 세워져 부산권이 됐다. 부산역까지 자동차로 1시간 30분 거리다. 그럼에도 한편으로 대교가 생활기반을 빨아들이는 통로가 되면서 공동체 쇠락을 염려해야 하는 상황이다. 부산권 드라이빙

■ 하청교회 100주년기념관(왼쪽)과 1990년 완공된 본당. 100주년기념관은 엘리베이터, 게스트하우스 등도 갖췄다.

족을 겨냥한 면 소재지의 '브랜드 파워' 카페가 지역공동체의 현황을 잘
말해 주고 있었다.

이 한적한 반농반어 지역사회에서 활기를 띠는 곳도 있다. 교회와
학교다. 주일이면 2,800여 면 주민 가운데 300여 명이 하청교회에 출석
한다. 평일 하교시간이면 경남산업고교 재학생 900여 명과 하청중, 하
청초등학교 학생들로 소란스럽다. 학교는 교회 설립 이후 교회에서 시
작한 야학이 계승 발전돼 오늘에 이르렀다.

'시골교회'에 속하는 하청교회는 교회의 역할과 사명이 어떠해야 하
는지를 잘 보여 주는 사례다. 기독교교육을 통한 지도자 양육이 끊임없
이 이뤄져 100년 세월 동안 교회를 유지, 발전시켜 오는 힘이 됐기 때
문이다.

시골교회 장로, '다음세대'를 준비하다

이 시골교회 장로였던 신용우는 기독교교육의 중요성을 알고 '다음
세대'를 준비한 대표적 인물로 꼽힌다. '신앙교육의 백년대계'를 위해 자
기 땅을 내놓아 신학교육의 산실 장로회신학대 설립에 초석을 다진 선
각자이기도 하다. 그는 1945년 6월 장신대 설립 기본 재산이 부족해 재
단이 신학교를 개교하지 못하자 거제도 땅 100만제곱미터를 학교에 기
부했다. 장신대 재단이사회는 2007년 4월 신용우의 공적비 제막 예배를
갖고 그의 뜻을 기리기도 했다.

신용우는 하청교회 설립자 신영지의 후손으로, 서부경남 최고 학교
인 진주농업학교를 졸업한 영농 선구자였다.

그의 삶을 기록으로 정리한 김백훈(전 경남산업고 교장) 은퇴장로는

■ 1970년 하청교회 헌당예배 후 　　　　■ '하청교회' 이름을 새기는 모습

■ 1970년 완공된 하청교회 예배당. 6·25전쟁 직후 거제포로수용소 폐자재로 지은 예배당을 헐고 지었다. 지금은 교육관으로 쓰인다. 선명한 장애인 배려 주차 라인이 교회의 역할을 말해 주는 것 같다.

"신 장로님은 신학교 재단 설립이 민족복음화의 초석이 되리라는 확신에 넘쳤고 그것이 곧 하나님 명령이라는 것을 확고히 인식한 분"이라고 회고했다. 하청교회에서 불과 10킬로미터 떨어진 거제 옥포교회 진정률 장로도 송창근(1898~1951, 납북 사망) 목사의 권면으로 자신의 땅을 팔아 한신대 설립에 기여한 것을 보면 거제도가 한국의 신학교육에 특별한 땅임이 틀림없다. 장신대와 한신대는 우리나라 신학교육의 뿌리인 평양신학교가 해방과 함께 공산당에 의해 폐교 절차를 밟자 그 후신으로 설립된 학교들이다.

거제도는 호주장로회의 선교정책에 따라 바닷가 중심으로 교회가 형성됐다. 하청교회 설립자 신영지는 진해(현 경남 창원시 일부) 웅천에 사는 주성찬으로부터 전도받아 신약성경을 열독한 후 전 가족과 함께 교인이 됐다. 그리고 자택에서 예배를 보기 시작한 것이 하청교회의 시작이다. 호주장로회 조선선교부 소속 교회였다.

김 장로는 "초기 성도들은 제사를 모시지 않는다는 이유만으로 마을에서 생활하기 어려울 만큼 따돌림을 받았다"며 "마을 사람들은 서양 귀신 믿는 이들이 조랑말 타고 포교를 다니게 할 수 없다며 하마(下馬)를 요구하는 등 박해가 심했다는 얘기를 선대로부터 들었다"고 전했다.

당시 신용우는 여유 있는 독농가 자제였다. 진주농고 졸업 후 고향에 돌아와 농촌계몽운동을 했고, 하청교회는 그 활동의 중심이었다. 이 무렵 남해안 일대 수산업은 투자이주한 일본인들이 장악하고 있었다. 거제 바다는 황금 멸치어장이었으나 무동력선으로 어업을 하던 조선 어부들이 밀려날 수밖에 없었다. 일제는 어업허가권을 쥐고 철저히 조선 어업인을 배제했다.

농학사로 불리던 신용우는 경남 모범 영농인으로 뽑혀 일본 선진농업 견학을 가게 됐다. 그의 나이 스물둘 무렵이다. 그는 일본에서 고향 토양에 알맞은 경제 작물을 발견하고 그 모종을 가지고 들어왔다. 일본 기후에 맞는 맹종죽(孟宗竹)이었다. 흔히 일본죽이라고도 하는데, 죽피에 흑갈색 반점이 있는 것이 특징이다.

　　신용우는 맹종죽 세 그루 중 두 그루의 생육에 성공한 후 교인과 마을 농민들에게 맹종죽 농사를 권했다. 중국요리 등에 많이 들어가는 맹종죽순이 '문익점의 목화씨' 같은 경제 작물이 된 것이다. 그는 처음 5년간 교회와 대밭만을 오가며 농사꾼으로 살았다.

　　맹종죽 농사 3년째, 어른 팔뚝 굵기의 죽순을 수확하기 시작하자 마을 사람들이 탄성을 질렀다. 그는 마을 사람들에게 "하나님께서 주신 자연을 열심히 일해 가꾸고 다스리면 하나님께서 복을 주신다"며 조건 없이 재배 기술을 알려줬다.

■ 1950~1960년대 하청교회 주변 마을. 브라운 선교사가 마을을 내려다보고 있다.

오늘날 거제도는 맹종죽 테마파크가 있을 정도로 섬 전체에 맹종죽이 지천이다. 하청교회와 주변 마을 역시 맹종죽 숲으로 둘러싸여 있다.

하청교회 오 목사와 신용부 시무장로가 교회 맞은편 해명고개를 넘었다. 이 고개는 하청리와 유계리를 잇는 지름길로, 박해를 피해 예배당을 세운 교회터가 있던 곳이기도 하다. 이 해명고개 예배당은 1936년 큰 태풍으로 무너지고 말았다. 그 자리가 지금 맹종죽 숲이 됐다. 3년 전 부임한 오 목사는 토박이 시무장로에게 옛 교회터에 얽힌 역사를 들었다.

부를 이뤄 기독교교육 강화할 수 있다면

신용우가 고향으로 돌아와 집사로서 왕성하게 활동하던 1925~1933년, 하청교회는 흥왕을 거듭했고 하청중앙교회라는 이름으로 분립할 만큼 성장했다. 맹종죽 농사로 부를 쌓은 신용우와 교인들은 하청중학교

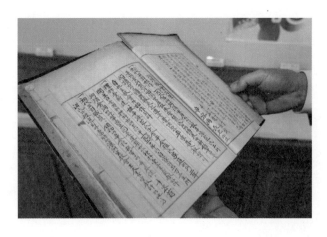

■ 하청교회 옛 당회록. 오른쪽 페이지 아래 부분에 "신용우 장로 작정(作正)"이라고 적혀 있다.

뒤에 함석지붕을 인 79제곱미터 넓이의 예배당을 세울 수 있었다.

이 무렵 일본의 무단통치는 작은 시골 마을에도 황국신민의 예를 강요했다. 선교사들 때문에 노골적으로 교회를 박해하지는 않았으나 '교회연합'이라는 명목하에 지역마다 하나의 교회만 남기고 통폐합하려 했다.

그 배경에 민족교회운동이 있었다. 거제도 역시 1910~1920년대 야학운동 등으로 민족교회운동에 동참했다. 하청교회는 거제도 야학과 지역 3·1운동의 중심지였다. 하지만 1940년을 전후해 일제는 '교회의 필신(筆新)'이란 항목을 만들어 목사라는 표기 대신 '기독교 교사'로 통일하라고 할 만큼 교묘히 탄압했고, 태평양전쟁이 격화되면서 폭력적으로 변했다.

한편 신용우가 영농에 능력을 보이자 주민들은 그를 면장으로 추대해 마을을 더욱 발전시켜 줄 것을 요청했다. 그는 면장을 하면서 일제에 소심한 협력을 하지 않을 수 없었다. 그런 가운데서도 부(富)를 이뤄야만 평생 노예로 살지 않으리라는 확신은 더욱 강해졌다. 그는 장로로서 교회가 대중을 무지에서 탈출시키는 것만이 복된 세상으로 이끌 수 있

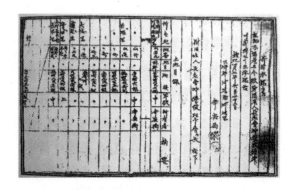

■ 신용우가 장신대 법인설립
을 위해 기증한 재산기증서

는 길이라고 생각했다.

신용우의 장신대 땅 기부는 일제강점기 창씨개명에 대한 마음의 빚이 포함돼 있다고 봐야 할 것이다. 그는 해방 후 교회 영수가 됐다. 그만큼 신망이 높았다. 오늘날 거제도 사람들은 중국산 죽순이 싼값으로 들어오기 전까지 죽순을 팔아 자녀들 대학을 보냈다. 1980년대까지 거제도가 전국 죽순 물량의 80퍼센트를 감당했다.

하청교회는 시골교회임에도 높은 출석률과 재정자립도를 자랑한다. '100주년 기념예배당'은 대도시 역사교회 기념예배당과 비교해도 손색이 없다.

그런 그들은 다시 100년을 준비하고 있다. '사람 낚는 어부'를 기르는 기독교교육 공동체가 하청교회의 선교 목표다. 그 교회 밑거름이 됐던 '장로 신용우'는 노블레스 오블리주를 실천한 대표적 기독교인으로 여전히 칭송받고 있다.

"배워 부자 되고 부자 돼 베풀자"
오줌장군 져 나르며 대나무 농사

신용우는 시골교회 장로로 늘 새벽 기도 후 대밭에 나가 성실하게 일했다. 전통적인 농법에만 매달린 농민들에게 새 영농농법을 전하고자 자신이 가진 농업 기술을 모두 알려주고 싶었던 농촌계몽운동가였다. 심훈의 《상록수》에 그려진 내용처럼 농촌계몽운동을 교회를 중심으로 펼쳤다.

그는 일본산 맹종죽 이식 초기 하루 세끼를 대밭에서 먹으며 일했다. 오줌장군을 지게로 져 나르는 농사꾼이었다. 5년간 그는 '양복 입은 사람은 만나지 않는다'는 원칙을 세우며 일했다. 기도와 노동이 전부였다.

그는 1929년 거제기독청년회(YMCA) 산업부장이라는 직책을 맡게 되는데, YMCA 내 흔하지 않은 조직이었다. 그만큼 시골에서 드물게 신사고를 하는 특별한 인물이었다. 그러자 사람들은 청지기의 자세로 솔선수범하며 죽순 농사를 짓는 그에게 권농 사무를 담당해 달라고 요청했다. 일제강점기와 해방 직후 한 차례씩 면장을 하고 경남도의원까지 지낸 출발점이기도 했다.

그를 기억하는 원로 권사들이 말했다.

"신 장로는 평생 교회 아니면 대밭에 있었어요. '아, 교회 다니는 분들은 다 저렇게 성실히 사니 부자가 되는구나' 하는 생각을 갖게 해주었죠. 배워 부자 되고 부자 돼서 베풀자고 하셨어요."

■ 신용우(1895~1960)

"조선총독 가슴에 방아쇠를…"
일제가 전율한 '여자 안중근'

독립운동가 남자현과 경북 영양

'혁명의 어머니', '전율할 노파'.

크리스천 독립운동가 남자현(南慈賢)을 두고 하는 얘기다. '전율할 노파'라니…. 당연히 일본군과 순사들 입에서 흘러나온 얘기다. 경북 영양 출신으로, 의병의 아내로 살던 남자현은 유복자 김성삼을 데리고 40대 중반 만주로 탈출해 서로군정서(西路軍政署)에서 활약하며 항일무력투쟁을 펼친다. 이 전율할 노파는 일본군의 간담을 서늘케 해 '여자 안중근'으로도 불린다.

남자현은 1924년 채찬(蔡燦), 이청산(李靑山) 등과 함께 사이토 마코토(齋藤實) 조선 총독 암살에 나섰다. 영화 〈암살〉의 전사 안윤옥(전지현 분)이 남자현을 모티브로 했다.

1933년 8월 27일 자 〈조선중앙일보〉 보도는 이렇게 시작한다. "무토 노부요시(武藤信義) 대장 암살범 남자현 별세, 단식으로 극도로 쇠약

328

■ 1932년 국제연맹 리튼조사단이 하얼빈에 왔을 때 왼손 약손가락 두 마디를 잘라 "조선독
립원"혈서를 썼던 크리스천 독립운동가 남자현의 동상과 생가 모습. 손에 혈서 "조선독립원"
천조각을 형상화했다. 남자현은 경북 영양에 살며 신앙을 받아들였다.

한 결과." 남자현은 1933년 2월 주(駐)만주 일본 대사 무토를 처단하기 위해 나섰다가 하얼빈 중심가에서 일경에 체포되고 만다. 그 후 하얼빈 감옥에서 죽음으로 항거하기 위해 단식에 들어갔고, 단식 9일 만에 혼수 상태에 빠져 병보석으로 출소한 뒤 사망한다.

〈조선중앙일보〉 1933년 10월 18일 자 사진기사 형식의 보도에는 " 고 남자현 묘 입석식이 10월 12일 오후 4시 하얼빈 외국인 공동묘지에 서 있었다"는 내용이 있다. 석관묘와 2미터 못 미치는 묘비 사진이 실렸 다. 묘비 맨 위의 선명한 십자가…. 그는 죽어 독립을 지켜봤을 것이다.

환갑 노파, 일본 대사 처단 나서다

경북 영양군 석보면 지경리 남자현 지사 생가지는 여느 한적한 농 촌처럼 인적이 드물다. 완고한 유교의 고장 경북 안동 일직면에서 태어 난 남자현은 5~6세 무렵 석보로 이사 왔고 19세에 의병 지도자 김영주

■ 출옥 직후 아들 김성삼과 손자 김시련의 간 병을 받는 남자현(이윤옥 제공)

와 결혼했다. 김영주는 1895년 명성황후 시해사건 이듬해 순국했다. 남자현은 '과부'가 됐다. 그의 생가는 1999년 복원됐으며 본채와 사당, 동상과 항일순국비 등을 갖추고 있다. 도시와 가깝다면 역사교육 공간으로 활용도가 높았을 것이다.

묘비 십자가에서도 알 수 있듯 남자현은 신앙인이었다. 동(東)만주로 시댁 가문 사람들과 탈출해 독립운동을 할 때 남자현은 교회 및 기도처를 열두 군데나 개척할 정도로 신실했다. 아들 김성삼에 따르면 '기도하는 어머니'였다. 그런데 한국 교회가 그를 잘 모른다. 이완용을 처단하려 했던 평안도 출신 기독 청년 이재명 의사처럼 말이다.

남자현 연구자 강윤정(안동대 교수)은 "만주라는 공간에서 여성이 무장활동을 벌이기는 쉽지 않았으나 그가 자신의 길을 꿋꿋이 열어 간 것은 기독교의 영향이 컸던 것으로 보인다"라며 "남자현은 유학 경전을 읽으며 대의적 관점에서 세상을 바라보는 동시에 기독교를 수용하면서 근대 여성으로 나아갔다"라고 평가했다.

이 믿음의 근대 여성은 총을 들고 만주 농어촌을 순회하며 민족 계몽운동을 펼쳤다. 사람들을 모아 예배드리고, 그곳이 기도처가 되면 예배당을 세웠고, 예배당을 중심으로 교육과 전도를 했다. 특히 '여자교육회' 등을 조직해 여성 교육에 힘썼다.

그가 동만주행을 결행한 것은 40대 후반, 3·1운동 직후인 1919년 3월 9일이다. 유복자 아들과 함께 남편의 원수를 갚겠다며 압록강을 건너 서로군정서에 들어갔다. 그는 영양에서 소문난 효부였다. 더욱이 아버지 남정한은 후학을 길러낸 안동 유생이다. 그렇다면 유교적 틀 안에서 자라고 시집간 남자현이 "예수를 믿음으로 차별이 없다"(롬 3:12)는 말씀을 어떻게 가슴에 새긴 걸까.

1910년 무렵 영양 석보면 포산동에 포산동교회가 설립되는데, 이는 석주 이상룡(독립운동가)의 동생 이상동과 그의 아들 백광 이운형(1892~1972, 독립운동가)이 세운 교회다. 이들은 1909년 포산동으로 이주해 예배당을 설립하고 농업 개발 및 성서 연구에 매진한다. 1919년 예배당이 신축된다.… 남자현과 지역적 연고가 깊고 이운형과 연계 가능성이 크다.… 이운형이 만주와 국내 3·1운동 연계를 위해 국내에 들어와 다시 만주로 갔을 때가 남자현의 영양 탈출과 같으므로 결국 남자현의 만주행에는 그 중심에 기독교가 있었던 것으로 보인다.(강윤정 연구 논문)

그 포산동교회를 찾는 데 애먹었다. 마을도 교회도 기억하는 이들이 없었다. 생가지 인근을 헤매며 노인들을 만나 물은 끝에 포도산(해발

■ 남자현이 신앙생활을 했던 경북 영양 화전마을 포산동교회 터(왼쪽 전봇대 자리)와 마을. 1910년 설립된 교회는 1980년대까지 유지되다 폐쇄됐다.

332

748미터) 정상 인근 분지 형태의 마을에 이르렀다. 생가지에서 13킬로 미터 떨어진 곳으로, 요즘 같은 시대에 이처럼 오지가 있나 싶을 정도였다. 영화 〈동막골〉을 보는 듯했다. 화전마을로 형성된 포산동은 백두대간 트레킹을 하는 이들이나 찾는다. 여덟 가구가 산다. 물론 1인 가구인 경우가 대부분이다.

동만주에 열두 교회 세운, 잊혀진 신앙인

눈에 띄는 팻말이 있다. '머루(포산)산 성지.' 천주교인들이 박해를 피해 이곳에 숨어들어 신앙공동체를 이뤘고, 1814년 배교자의 밀고로 파괴돼 순교자를 낳은 곳이다. 일경에 쫓겨야 했던 이상룡 선생 및 이상동·이운형 부자도 천하의 요새 같은 이곳에 교회를 세웠다. 한때 70

■ 하얼빈 감옥 터의 현재 모습. 남자현은 동만주에서 열두 곳의 교회를 개척했다.(이윤옥 제공)

여 명이 출석했다.

"제가 초등학교 때까지(1970년대) 포산동교회에 출석했어요. 크리스마스와 부활절 때 사탕과 달걀을 받는 재미로 다녔어요. 지금이야 차가 들어오지만, 그때는 산길만 있었죠. 80년대에 폐쇄됐을 겁니다."

타지에 살며 텃밭을 가꾸기 위해 들어왔다는 이곳 출신 중년 농부가 옛 예배당 터를 알려 주며 증언했다. 핍박받던 의병 가족 남자현 일가는 이 깊은 산속에서 안동의 기독교 지도자들과 함께하며 기도하고 교육을 받았다.

■ 감옥에서 곡기를 끊고 일본에 저항했던 남자현은 병보석 후 별세했다. 하얼빈 외국인 공동묘지 안장 직후 사진(위)과 현재 러시아정교회가 된 묘지 터.(이윤옥 제공)

334

또 한 사람의 연구자 이윤옥(한일문화어울림연구소장) 선생은, 2014
년 동만주 열두 교회 개척자 남자현이 감옥에서 곡기를 끊고 별세한 후
그가 묻힌 하얼빈 옛 외국인 공동묘지 내 남자현 묘지터를 찾아낸 인물
이다. "독립은 먹고 사는 데 있는 것이 아니라 정신에 있다"는 남자현의
기도를 좇아 거기까지 간 것이다. 비신앙인인 그가 세상의 기독교인들
에게 말했다.

"왜 한국 교회는 갇히고 매 맞아 가며 동포의 정신을 일깨우고 열두
교회를 세워 해방을 염원했던 남자현 같은 신앙인을 알려고 하지 않나
요. 왜 '유관순' 한 분만 있다고 생각하나요."

남자현(1872~1933)

1919년 만주로 망명, 서로군정서에서 활약
1924년 채찬·이청산 등과 사이토 총독
　　암살을 계획했으나 미수에 그침,
　　만주로 돌아감
1928년 길림에서 김동삼(金東三)·안창호 등
　　47명이 중국 경찰에 검거되자
　　석방운동에 온 힘을 기울임
1931년 김동삼이 하얼빈에서 붙잡히자
　　그를 탈출시키려고 온갖 노력을 함
1932년 국제연맹 리튼조사단이 하얼빈에 옴, 흰 수건에
　　"한국독립원(韓國獨立願)"이라는 혈서를 써서 조사단에 보내
　　우리의 독립을 호소
1933년 이규동 등과 주만 일본대사 무토 노부요시를 죽이기로 함,
　　임무 수행 중 하얼빈 교외 정양가(正陽街)를 지나다
　　일본 경찰에 붙잡힘
1962년 건국훈장 대통령장 추서

제주
지역

섬 소년 가슴에 심어 준
'일사각오' 신앙

순교자 방계성 목사와 추자도

추자도 섬 소년을 만났다. 소년은 눈이 맑았고 똘똘했다. 소년과 나는 제주시 추자면 신양1리 바닷가 버스정류장에서 함께 마을버스를 기다렸다. 버스는 우리가 있는 이곳을 출발해 섬 구석구석을 돌다 추자항여객선터미널에 이른다. 이 터미널에서 제주시와 목포·완도 등으로 갈 수 있다.

소년은 2킬로미터 남짓 떨어진 묵리 집으로 간다고 했다. "공부를 아주 잘할 것 같다"며 짓궂은 질문을 하자 답을 주저하던 소년은 "못하진 않아요"라고 했다. "1, 2등?"이라고 되묻자 고개를 끄덕인다. 소년은 버스정류장 맞은편 신양분교에 다닌다. 전 학년 학생이 10명이다.

1961년 7월 한 신문의 추자도 르포를 보면 "한 집에 아이가 7명은 기본이요, 최고 15명까지 있는 집안이 있다"고 전한다. "길에 우글거리는 아이들"이라는 표현을 썼다. 르포 사진에는 아낙 셋이 각자 등에 아이를 업었고 그 옆으로 또 다른 아이들이 걷고 있다. 1991년 무렵만 해도 추자도 인구는 4,700여 명이었다. 지금은 1,900명 정도다. 어린이는 추자초등학교와 소년이 다니는 분교 포함 56명이다.

이 섬 소년 이야기를 하는 것은 추자도 출신 한국유기농업 대부 오재길(1920~2018, 정농회 설립자)과 기독NGO 활동가 오재식(1933~2013, 월드비전 회장 역임) 기독리더 형제가 생각났기 때문이다.

오재길은 1931년 여름, 뭍에서 온 방계성(1888~1949, 목사) 전도사를 만난다. 아버지뻘 어른이었다. 방계성은 1920년대 초 평양신학교를 졸업하고 부산에서 사업을 하면서 부산 초량교회 장로 직분으로 헌신하다 조선장로교 경남노회 전도사에 시취(試取)됐다. 그 첫 부임지가 추자도다.

오재길은 4년제 추자공립학교를 졸업하고 곧바로 그 학교 급사로 취직했다. 그런데 그가 방계성이 부임한 신양교회에 열심히 출석하자 일본인 훈도(교사)가 이를 못마땅히 여기고 교회에 나가지 말라고 으름장을 놓았다.

오재식은 "일본은 교회에 조선인들이 모이는 것 자체를 싫어했고 또 교회가 사람들을 선동해 일본에 대한 불만을 부추길 것으로 보았다"며 "당시 섬에서 영향력깨나 있는 일본인 훈도가 형에게 주먹질을 할 만큼 악질적으로 굴었다"라고 증언했다.

섬 소년, 뭍의 전도사를 만나다

신양교회는 신양분교 옆 골목 언덕길에 있다. 신양리 마을 어디서 봐도 교회 건물이 눈에 띈다. 마침 날씨가 좋아 하늘과 바다, 교회가 사

■ 제주 추자도 첫 교회인 신양교회 뒤편. 제주 올레길 마지막 코스인 추자도길을 완주한 이들이 추자도 신양포구를 배경으로 한 신양교회 풍경을 담고 있다.

■ 1964년 추자도 신양항

진 프레임 속으로 멋지게 들어왔다.

추자도 옛 사진을 보면 조기 파시(波市) 때의 신양리는 도시 번화가 못잖게 성시였다. 하지만 지금은 길거리에서 사람 만나기가 어렵다. 느릿느릿 걷는 어르신들만 가끔 오간다. 교회 입구 정겨운 간판 '새마을상회'를 신양교회 은퇴장로가 지키고 있는 것이 그나마 안심이 되었다.

"물고기가 없으니 사람이 있을 리 없죠. 우리 젊었을 때 그물만 던지면 잡혔지만 지금은 어림도 없어요. 또 제주까지 1시간이면 배가 닿으니 누가 이곳에 살려고 합니까. 교인들 사정도 비슷하고요."

한 성도가 추자도의 근황을 두런두런 얘기했다. 추자도에는 이곳 첫 교회인 신양교회 외에도 추광교회 등 세 교회가 있다.

신양교회에 들어서니 권사, 집사 세 분이 교육관 아래 사택을 청소하느라 분주했다. 선풍기와 전열기 등의 가전을 사택 앞마당에 내놓고

■ 방계성 목사(앞줄 왼쪽에서 세 번째) 등 출옥한 교회 지도자들이 1945년 8월 17일 주기철 목사의 집에서 찍은 사진

방 청소에 열심이었다. 한 사람은 창틀에 올라서 먼지를 닦아냈다. 오는 수요예배 때 신임 목사가 부임한다고 했다. 아담한 사택과 편안한 규모의 예배당 풍경은 잊혀진 신앙공동체의 모습 같아 마음이 편안했다.

추자도 교회 개척의 시작은 1928년 장로회 전남노회에 참석한 회중에 의해 발의돼 '더는 미룰 수 없는 안건'으로 상정되면서다. 그들은 즉석에서 교회 개척을 위한 연보 400원을 모았다. 그 무렵 제주 본도를 포함한 섬 선교는 요즘 해외 선교에 준하는 사역이었다. 따라서 추자도 같은 낙도 선교는 파송 교단이나 부임 목회자 모두 결단이 필요했다.

방계성은 추자도 선교의 개척자다. 그는 1930~1940년대 한국 교회가 신사참배 가결로 영적으로 무너진 와중에 스데반과 같은 자세로 신앙의 양심을 지킨 인물이다. 주기철(1897~1944), 이기선(1887~1950) 목사 등과 동역하며 일제와 공산주의자들의 탄압에 맞선 순교자 중 한

■ 방계성 목사의 친필이 담긴 성경책. 평양형무소 입·출옥 날짜가 표기돼 있다. 방계성 목사는 신사참배 거부로 5년여 옥살이를 했다.

사람이기도 하다.

그는 평안도 선천 미션스쿨에 진학하면서 신앙인이 됐다. 19세 무렵 측량기사가 됐고, 기독청년으로 계몽적 신앙운동을 펼쳤다. 이 과정에서 전도 대상 청소년들의 머리를 신식으로 잘라 주다 향리 어른들의 미움을 사 부산까지 내려와 정착하게 된다. 그는 그곳에서 건착망 회사 서기로 근무하며 신앙생활을 했고 결혼도 했다. 이때 이기선 목사 부흥회가 부산에서 열렸는데, 이 집회에서 영적 각성을 한다. 이 무렵 평양 신학교에 입학한 것도 붙들린바 됐기 때문이다.

방계성은 부산에서 문구잡화상 등을 경영하며 사업 수완을 다졌고, 섬기던 부산 초량교회 장로가 됐다. 그리고 1926년 주기철 목사가 위임 목사로 부임하자 동역했다. 주 목사에게는 첫 목회지였다. 두 사람의 동역으로 초량교회는 크게 부흥했다. 이때 주 목사는 방 장로에게 사역자가 되도록 권면했다.

1930년 9월 20일 자 초량교회 당회록에는 방 장로 가족을 전남노회 소속 신양교회로 이명한다는 기록이 남아 있다. 신양교회 담임 목회자로 부임하게 하려는 조처였다. 직장과 가정이 튼실한 사업가인 큰 교회 장로가 모든 걸 내려놓고 섬으로 들어간다는 것은 하나님 명령 없이 힘든 일이다. 그는 그 험난한 사역지에 주저 없이 뛰어들었다.

《이기선 목사의 생애》라는 저서엔 방 전도사의 신양교회 건축 과정이 서술돼 있다. 뭍과 제주의 중간 지점 추자도. 그는 오로지 풍선(風船)에 의지해 건축 자재를 육지로부터 실어 날랐다. 섬 주민들은 위험한 일이라며 만류했다. 선원들은, 그 위험한 항해를 무사히 마칠 수 있었던 것은 교회를 위한 물자였기 때문 아닌가 하는 구술을 남겼다. 전남노회 연보에 더해 추자도 개척선교비를 댄 곳은 호남 선교의 중심 광주 양림교

■ 추자도 신양교회 옛 본당. 지금은 교육관으로 사용된다. 방계성 목사 부임 당시 육지에서 목재를 날라 헌당했다.

회 여전도부였다고 한다.

신사참배 거부, 5년간 옥살이

부임한 방계성은 예수를 알기 위해선 배움이 있어야 한다고 봤다. 따라서 섬 소년들을 모아 야학을 열고 인재를 기르는 데 힘썼다. 추자도에는 유일한 교육기관이라야 4년제 보통학교가 전부였기 때문이다. 그는 한문 성경과 총회 교육부의 교재로 교육목회에 힘썼고, 학업 열의가 있는 청소년들에겐 성경통신과를 이수하도록 했다. 훗날 그는 전도 방법을 묻는 질문에 "먼저 그 동리에서 똑똑하고 건실한 학생을 얻어서 협조를 얻으라"고 조언했다.

방계성의 추자도교회 목회는 3년간 이어졌다. "섬 목회자가 6남매를 지탱하기에는 너무나 고생이 많았다"고 그의 족질(族姪) 방지일 (1911~2014, 일제강점기 중국 파송 선교사) 목사가 증언했다. 그는 생전 신양교회를 두어 차례 방문하기도 했다.

한편 소년 오재길은 일본인 교사로부터 "교회에 다니려면 급사 일을 그만두라"는 양자택일을 강요받는다. 그는 급사를 그만둘지언정 신앙을 포기할 수 없다고 항변했다. 형제 많은 집안 가장으로 생계가 막막했으나 신앙을 버릴 순 없었다.

그때 오재길은 추자도를 떠나 주기철 목사와 함께 평양 산정현교회에서 시무하던 방계성에게 자신의 딱한 사정을 토로한 장문의 편지를 썼다. 방계성은 그를 평양으로 불렀다. 오재길·오재식 형제가 훗날 믿음의 선진이 된 것은 이처럼 한 목자의 헌신적 교육목회와 사랑의 실천 결과이기도 하다.

내가 만난 섬 소년은 묵리의 주일학교 학생이었다. 하나님의 은사가 이 섬 소년에게도 어떻게 주어질지 궁금하다. 버스에서 내린 소년이 내게 손을 흔들더니 집을 향해 뛰는 모습이 잊혀지지 않는다.

방계성 (1888~1949)

1888년 평북 철산 태생
1903년 신천예수학원 입학
1913년 부산 이주, 건착망 회사 서기
1920~1922년 평양신학교 수학
1926년 부산 초량교회 장로
1931년 경남노회 전도사 시취
1931~1933년 제주 추자도 신양교회
1934~1936년 만주 안동현 육도구교회
1937~1949년 평양 산정현교회
1940~1945년 평양형무소 수감
1949년 목사 안수,
　　　공산당 기독교연맹 가입 거부
1949년 12월 27일 체포 및 순교

■ 순교자 방계성 목사(왼쪽)와 독립운동가 주기철 목사(오른쪽). 뒤쪽은 방 목사의 제자로 훗날 그의 사위가 되는 기독리더 오재길 전 정농회 설립자. 주 목사가 1937년 12월 신사참배 거부로 투옥됐다 풀려난 뒤에 찍은 사진이다.

방계성과 주기철 목사
"신사참배는 우상숭배" 끝까지 저항하다 투옥

추자도 신양교회를 떠난 방계성은 1934년 만주 안동 육도구교회 담임전도사로 부임한다. 여기서도 그는 예배당을 건축하는 등 열성적 목회를 한다. 그는 1937년 평양 산정현교회에 부임한 주기철 목사의 권유로 산정현교회 부임을 위해 육도구교회를 떠나야 했다. 신양교회를 나설 때처럼 육도구교회 성도의 눈물바다를 뒤로해야 했다.

당시 산정현교회는 조만식, 김동원, 오윤선 등 민족지도자들이 당회를 구성하고 있었다. 주기철과 방계성은 바울과 디모데처럼 기억되는 사역자였다. 주 목사는 일제에 저항했고 검속과 출옥을 반복했다. 두 사람은 신사참배에 응하는 것은 우상을 섬기는 것이라며 단호히 반대했다.

주 목사가 검속될 때면 방계성 전도사가 주일 예배를 인도했다. 그리고 이내 방계성마저 연행됐고 교회는 폐쇄됐다.

두 사람은 옥중생활을 같이해야 했다. 일경은 주 목사 보는 앞에서 신사참배 반대 배후를 캐물었다. 방계성은 "배후는 하나님이며 하나님은 우상에 절대 절하지 말라고 했다"며 저항했다.

방계성은 5년여를 형무소에 갇혔다가 해방과 함께 석방됐다. 하지만 북한 정권이 꼭두각시 기독교연맹 가입을 요구하자 이를 거부하다 1949년 12월 27일 공산당에 납치된 후 순교했다. 주 목사는 1944년 형무소 수감 중 고문 후유증으로 병원 이감 후 소천받았다.

■ 평양 산정현교회 주기철 목사와 방계성 목사 등의 신사참배 거부를 보도한 당시 신문 기사

"우상에는 절하지 않는다"…
옥중에서도 신앙 절개 지켜

독립운동가 도인권 목사와 제주중앙교회

　　도인권 목사의 삶을 찾아가는 길은 힘들었다. 무엇보다 봄 제주를 즐기려는 사람들로 비행기 표 끊기가 어려웠다. 더구나 표 구매 사이트의 오류로 오전 6시 55분 비행기를 타지 못했다. 5시간이나 대기한 끝에 겨우 제주행 비행기에 탈 수 있었다. 그러니 비행기도 없던 시절의 제주 지역 복음 전파는 '선교'라고 칭할 수밖에 없었을 것이다.

　　도인권은 6·25전쟁 직후 기독교대한감리회 제주 선교 개척자였다. 제주중앙교회 등 일곱 교회를 세워 제주에 웨슬리 신학을 전파했다. 그 공로가 제주시 제주중앙교회 뜰에 '감리사 도인권 기념비'로 남아 있다.

　　도인권은 한국 교회를 넘어서는 인물이다. 그러나 그를 기리는 흔적은 제주의 기념비가 유일하다. 그는 구한국 장교, 독립운동가, 교육가, 목사 등으로 죽는 날까지 신앙과 민족을 위한 인물이었음에도 한국 교회는 그를 감리회 제주 선교사쯤으로 여긴다.

■ 현 제주시 오라벌 제주중앙교회 정원 한쪽에 자리한 도인권 목사 목회 기념비. 그는 제주에 일곱 교회를 개척했다.

■ 도인권 목사 목회 당시 석축 예배당을 헌당(1955년)한 후 입구에 세웠던 현무암 교회 간판. 2013년 성전 이전과 함께 옮겨졌다.

왜놈 교회사(敎誨師)가 일요일 불상 앞에 각 수인으로 하여금 머리를 숙이고 예불하도록 명하니 수인들이 마음속으로는 천황 급살을 빌면서도 겉으로는 머리를 숙였으되, 수백 명 가운데 도인권 한 사람만이 머리를 까딱 아니하고 앉았다. 간수가 질문해도 도는 자기는 야소교도이므로 우상에 절하지 않는다 하였다.(김구 자서전《백범일지》중)

도인권은 김구와 함께 독립운동을 하다 체포되어 서대문형무소에 갇혔다. 일제가 꾸민 소위 '안악(安岳)사건'으로 10년형을 받은 것이다. 《백범일지》에서 알 수 있듯 그는 하나님의 진정한 종이요 예수의 제자였다. 일제강점기 강압에 못 이겨 신사참배를 했던 목회자와 성도들 대개는 고개 숙인 채 천황의 급살을 빌었을 것이다. 그러나 도인권처럼 신앙을 지키지 못한 것은 분명한 사실이다.

도인권은 평안남도 용강 사람으로, 구 한국군 무관학교 군사특과에 들어가 수료 후 교관에 임명됐다. 하지만 1907년 일제에 의해 우리 군대가 강제 해산되자 울분의 세월을 산다. 그는 배우고 힘을 기르는 것만이 민족이 살길이라고 판단하고 교육운동 '학무회'에 참여, 황해도 재령 양원학교 등에서 민족 계몽운동을 펼친다. 고향에 충일학교와 사범강습소를 설립하기도 하고 황해 안악 양산학교, 재령 문창학교 등에서도 체육 과목을 중심으로 후대를 일깨웠다. 김구, 김홍량 등 황해도 지방 기독교 선각자들의 영향을 받았다. 그리고 1910년 안악장로교회에서 밀러 (한국명 민노라) 선교사에게 세례를 받고 복음을 위한 여정을 시작한다.

도 목사를 '아우님'이라 부른 백범

도인권의 삶을 좇아 제주중앙교회를 찾게 된 것은 바랜《백범일지》
(백범김구선생기념사업회, 1971년 판)에 나타난 그와 관련한 대목 때문이
다. 백범이 도인권을 거론한 첫 문장은 이러하다.

여기서 나는 동지 도인권을 생각하지 아니할 수 없다.

백범은 "도인권이 노백선, 김희선, 이갑 등과 장령(將領)이 되어 정
교(3품 무관) 자리까지 올랐다가 군대가 해산되매 향리에 있는 것을 양산
학교 체육선생으로 연빙하여 와서 우리의 동지가 되어 어떤 사건(안악사
건)으로 십 년의 징역을 받고…"라고 서술한다. 그의 기록에 따르면 도
인권은 모범 재소자에게 주어지는 상과 그에 따른 가석방조차 거부한다.
죄를 짓지 않았는데 가두어 놓고 왜 가석방이냐는 것이다. 일제는 그의
믿음에 혀를 내두르고 만기 출소시킨다.

백범은 또 "신해년(1911년) 초닷샛날 새벽, 내가 아직 기침(起寢)도
하기 전에 왜 헌병 하나가 내 숙소인 양산학교 사무실에 와서…나를 헌
병분견소로 데리고 간다. 가보니 벌써 김홍량, 도인권, 이상진 등이 나
모양으로 불려왔다"고 적었다. 그들이 서울로 압송되는 과정에서 동지
이자 자선가인 신석충 진사가 재령 철교를 지날 때 투신했다는 대목에선
목이 멘다. 그들은 그렇게 끝까지 저항했다.

이후 목사가 된 도인권은 1920~1930년대 남감리회 외사청 소속으
로 만주 및 시베리아에서 복음을 전했다. 이때 소련 공산정권의 해악을
온몸으로 겪었다. 시베리아 선교가 불가능해지자 중국 훈춘 동흥진을 선

교기지로 삼았다. 사회주의는 또 다른 우상일 뿐이었다. 이 기억은 훗날 김구의 평양행을 말리는 원인으로 작용한다.

해방이 됐다. 그런데 남북이 갈릴 위기에 처했다. 1948년 4월 19일 아침 서울 경교장. 김구는 김일성과 담판하기 위해 북행키로 한다. 이에 반대하는 시위대가 경교장을 둘러쌌다. 김구는 "나에게 마지막 독립운동을 허락해 달라. 이대로 가면 한국은 분단될 것이고 서로 피 흘리게 될 것이다"라며 호소했다. 도인권도 이때 만류했다. 평소 '아우님' 또는 '도 목사'로 부르던 김구는 "당신이 이럴 수 있나. 내 심정을 이토록 몰라주나"라며 호통을 쳤다. 도인권은 교우들을 동원해 "선생님이 그들의 수작에 넘어갈 것"이라며 말렸다. 그러면서 김구 아들 김신과 비서 선우진에게 "평양에서 못 돌아오면 너희들이 책임질 거냐"며 호령호령했다. 그런데도 김구는 결국 38선을 넘었다. 서로의 신앙과 충정을 두 사람이 모

■ 서울 강북삼성병원 내 경교장. 김구 선생의 비서이기도 했던 도인권 목사는 1948년 김구의 남북협상을 위한 북행을 만류하기도 했다.

를 바는 아니었다. 이듬해 6월 김구는 바로 그 경교장에서 흉탄에 서거했다. 도인권은 그의 장례를 총괄했다.

신사 터에서 시작한 제주 천막교회

어렵게 도착한 제주중앙교회. 하늘이 맑고, 구원 방주 모양의 예배당은 하늘바다에 떠 있는 듯이 아름다웠다. 2014년 〈국민일보〉가 선정한 교회건축상을 수상한 건축물로, 2013년 이곳 제주시 오라벌에서 입당예배를 올렸다. 이 교회는 6·25전쟁 발발 이듬해 제주도로 피난 온 감리회 성도들이 도인권을 지도자로 내세워 설립했다. 제주읍 일도동 일제 신사 터에 천막을 치고 '제주읍교회'라 칭했다.

당시 제주의 성도에게 도인권은 요셉과 같은 중앙의 거목이었다.

■ 옛 경교장 2층 테라스에서 북행 이유를 설명하는 김구(가운데). 왼쪽이 도 목사로 추정된다.

■ 제주중앙교회는 1951년 6·25전쟁 피난민이 육지에서 몰려들면서 조직 교회로 뿌리를 내렸다. 당시 피난민은 해군 상륙작전함(LST) 등을 타고 왔다. 그들은 천막 교회를 세우고 하나님께 감사했다. 지금의 교회는 2013년 신축한 것으로, 구원 방주와 LST를 형상화했다.

■ 교회는 당시 제주읍 내 신사터에서 시작했다.

■ 교회 아이들과 함께한 도인권 목사

하지만 도인권은 독립운동가라는 계관을 버리고 성도들, 특히 청년들에게 "광음을 아끼라, 때가 악하느니라"라고 외쳤다. 자신이 77년을 살았으나 정작 하나님을 위해 제대로 복음을 전한 시간은 16년에 불과했고 그것도 매년 60일에 지나지 않았다고 전했다. 그는 생명이 다하는 날까지 전도했다.

백범은 도인권에 대해 정기가 바른 사람이라고 했다. 그러나 한국 교회가 도인권의 예수 정신을 기록하고 보존하는 데 소홀했다는 감을 지울 수 없었다.

도인권 목사(1880~1969)

1904년 무관학교 군사특과에 입학하여
　　졸업한 뒤 교관 임관
1907년 우리나라 군대가 강제 해산된 후
　　독립운동에 투신
1910년 안명근(安明根)의
　　독립운동자금모금사건으로 김구 및
　　해서교육총회 지도자들과 투옥,
　　10년 형을 언도받고 6년간 서대문형무소에서 옥고를 치름
1918년 상하이 망명, 대한민국임시정부 수립 이후
　　임시정부를 중심으로 독립운동
1921년 고려혁명위원회의 위원, 시베리아 지방 선교에도 힘씀
1930년 감리교의 정회원 목사 안수, 만주 간도 동흥진으로 옮김
1940~1945년 간도 연길교회 목사로 시무
1945년 광복 후 귀국, 옹진교회 목사로 시무
1950년 6·25전쟁 때 제주도로 피난 감
1957년 3월까지 일곱 교회 설립

예수로 산 한국의 인물들
- 한국 기독교 역사 여행

Tour for Christian History in Korea

지은이 전정희
펴낸곳 주식회사 홍성사
펴낸이 정애주
국효숙 김경석 김의연 김준표 박혜란 송승호 오민택
오형탁 이현주 임영주 주예경 차길환 최선경 허은

2019. 12. 20. 초판 1쇄 인쇄   2019. 12. 30. 초판 1쇄 발행

등록번호 제1-499호 1977. 8. 1
주소 (04084) 서울시 마포구 양화진4길 3   전화 02) 333-5161   팩스 02) 333-5165
홈페이지 hongsungsa.com   이메일 hsbooks@hongsungsa.com   페이스북 facebook.com/hongsungsa
양화진책방 02) 333-5163

ISBN 978-89-365-0364-2 (03230)